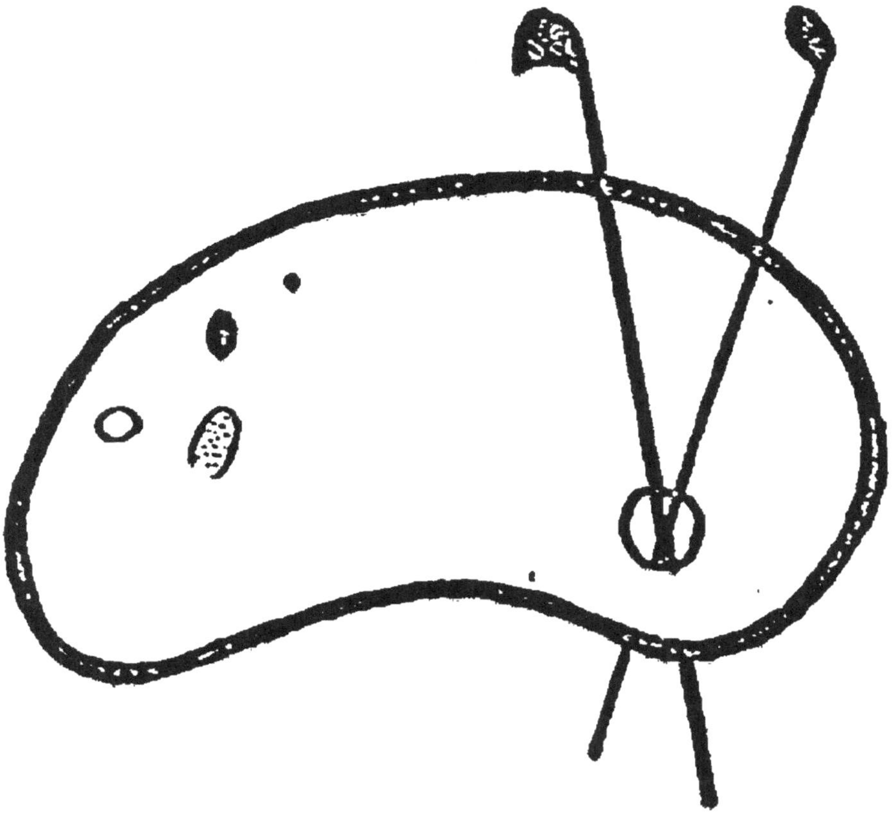

DEBUT D'UNE SERIE DE DOCUMENTS
EN COULEUR

LE TRIBUNAL SUPÉRIEUR

ET

LA COUR D'APPEL

D'ALGER

RÉSUMÉ CHRONOLOGIQUE

DES

LOIS, ORDONNANCES, DÉCRETS ET ARRÊTÉS

CONCERNANT CES HAUTES JURIDICTIONS, DE 1830-1896

PAR

F. BÉNÉZET

GREFFIER EN CHEF DE LA COUR D'APPEL

ALGER

TYPOGRAPHIE ADOLPHE JOURDAN

IMPRIMEUR-LIBRAIRE-ÉDITEUR

4, PLACE DU GOUVERNEMENT, 4

1896

ALGER. — TYPOGRAPHIE ADOLPHE JOURDAN. — ALGER.

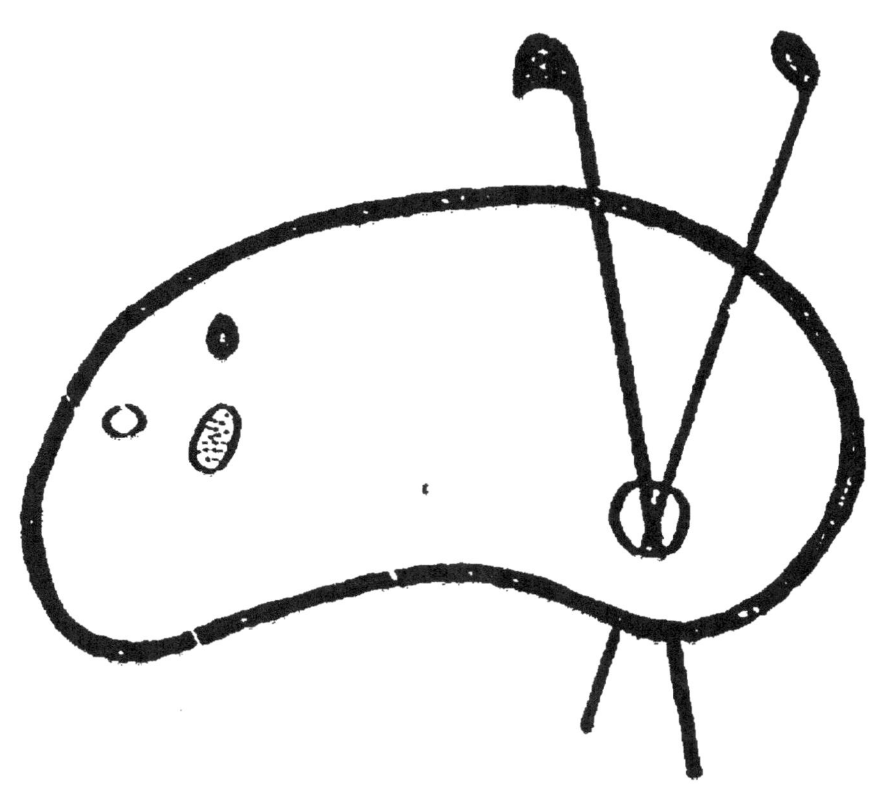

FIN D'UNE SERIE DE DOCUMENTS
EN COULEUR

LE TRIBUNAL SUPÉRIEUR

et

LA COUR D'APPEL

D'ALGER

LE TRIBUNAL SUPÉRIEUR

ET

LA COUR D'APPEL

D'ALGER

RÉSUMÉ CHRONOLOGIQUE

DES

LOIS, ORDONNANCES, DÉCRETS ET ARRÊTÉS

CONCERNANT CES HAUTES JURIDICTIONS, DE 1830-1896

PAR

F. BENEZET

GREFFIER EN CHEF DE LA COUR D'APPEL

ALGER

TYPOGRAPHIE ADOLPHE JOURDAN

IMPRIMEUR-LIBRAIRE-ÉDITEUR

4, PLACE DU GOUVERNEMENT, 4

1896

Le 5 juillet 1830, après les héroïques efforts de nos soldats et de nos marins, Alger tombait en notre pouvoir, et une convention solennelle, affirmant la complète soumission du vaincu et l'engagement pris par le vainqueur de respecter la liberté des habitants, leur religion, leurs propriétés, leur commerce, leur industrie, leurs familles, était signée par le comte de Bourmont et Hussein Pacha.

Le 9 septembre 1830, un Tribunal spécial était établi; sa compétence était définie, les Consuls gardant la juridiction sur leurs nationaux. — Le 22 octobre, une Cour de justice et un Tribunal correctionnel étaient créés, les Tribunaux israélites maintenus; les tribunaux français étaient autorisés à appliquer les lois françaises ou du royaume d'Alger, de même que les usages et coutumes des deux pays.

En 1831, arrêté du 9 juin qui porte devant la Cour de justice les appels des jugements correctionnels. — Arrêté du 20 juin qui nomme une Commission pour la revision des arrêtés sur la justice.

En 1832, le 16 février, recours contre les décisions judiciaires déférées au Conseil d'administration; et le 1er mars, arrêté fixant la procédure à suivre pour ces recours; — le 16 août, institution d'une Cour criminelle, détermination de sa compétence respectivement à celle des Conseils de guerre, formes et procédure des appels de ses décisions.

Enfin, une ordonnance du 10 août 1834 organise le service judiciaire en Algérie. C'est à cette époque seulement que peut commencer notre simple notice historique de la Cour d'Alger. Auparavant, toutes les institutions ne pouvaient être que provisoires. La conquête s'achevait, et nul ne pouvait savoir si la France continentale voudrait se prolonger au delà de la Méditerranée, ou si elle se contenterait d'établir dans ces contrées mystérieuses et jusqu'alors redoutées, une lointaine domination.

LE TRIBUNAL SUPÉRIEUR

ET

LA COUR D'APPEL

D'ALGER

Par ordonnance du 10 août 1834, le Service de la Justice est organisé en Algérie. Il est créé à Alger un Tribunal Supérieur composé d'un Président et de trois Juges, d'un Procureur Général du Roi et d'un Substitut, d'un Greffier et d'un Commis-Greffier assermenté. Le Tribunal Supérieur, qui ne peut juger qu'au nombre de trois Juges, au moins, au civil, connaît de l'appel des jugements rendus en premier ressort par les Tribunaux de première instance et de commerce. — Constitué en Tribunal criminel, il juge les appels en matière correctionnelle, toutes les affaires qui seraient portées en France devant les Cours d'Assises, ainsi que les appels des jugements d'Oran et de Bône statuant sur des crimes contre lesquels la loi prononce une peine supérieure à celle de la réclusion; dans ces cas, les magistrats doivent nécessairement siéger au nombre de quatre, et trois voix sont requises pour qu'il y ait condamnation.

Le costume du Président et du Procureur Général est le même que celui des Conseillers des Cours Royales de France. Le traitement du Procureur Général et du Président du

Tribunal Supérieur est fixé à 12,000 fr. Celui des Juges et du Substitut du Procureur Général est fixé à 6,000 fr. Le traitement du Greffier du Tribunal Supérieur est fixé à 4,000 fr., celui du Commis-Greffier à 2,000 fr.

Quatre assesseurs musulmans sont attachés aux Tribunaux d'Alger pour les assister ou siéger avec eux dans les cas déterminés par le titre II de l'ordonnance.

Par ordonnance du 12 août 1834, M. Laurence, membre de la Chambre des Députés, est nommé Commissaire spécial de la Justice dans les Possessions françaises du Nord de l'Afrique et Procureur Général par intérim près le Tribunal Supérieur des dites Possessions.

Un arrêté du 11 novembre 1834 nomme assesseurs près les Tribunaux français d'Alger :

Sidi Kaddour ben Mohamed ben Turkia ;
Sidi Ahmed ben Jardoun, ancien Cadi ;
Sidi Mohamed ben Mustapha El-Hafâf ;
Sidi Mohamed El-Hadel ben El-Azadri.

Le premier acte figurant sur les registres du Tribunal Supérieur est du 14 novembre 1834. A l'audience publique tenue à cette date par :

MM. Filhon, Président ;
    Solvet, Verdun et Gracobbi, Juges ;
En présence de M. Salles, Juge délégué par le Tribunal pour remplir les fonctions du Ministère public ;
Assistés de Me Grandin, Greffier ;
Il est procédé à la prestation de serment et à l'installation de M. Bonnet-Desmaisons, nommé Juge dans les Possessions françaises du Nord de l'Afrique, par ordonnance du 23 août 1834.
M. Daboussy est installé comme Commis-Greffier.

Par arrêté du 30 novembre 1834, Sidi Ali Mohamed ben Ali ben Negro est nommé Assesseur musulman, en remplacement de Sidi Ahmed ben Jardoun, non acceptant.

Et par autre arrêté du 6 décembre 1834, Sidi Adji Ali Oulid ben Recaïeb est nommé Assesseur musulman, en remplacement de Sidi Mohamed El Hadil ben El Azadri, non acceptant.

Un arrêté du Gouverneur Général, en date du 27 janvier 1835, réglemente l'exercice et la discipline des professions de défenseur et d'huissier près les Tribunaux d'Algérie; un autre arrêté du 20 février 1835 réglemente la profession des interprètes assermentés, qu'il institue.

Par ordonnance du 25 juillet 1835, M. Réalier-Dumas, Conseiller à la Cour Royale de Riom et membre de la Chambre des Députés, est nommé Procureur Général dans les Possessions françaises du Nord de l'Afrique. — M. Loyson lui est adjoint comme substitut.

Par arrêté du Gouverneur Général, en date du 1er septembre 1835, des vacances sont accordées au Tribunal Supérieur. Elles sont fixées du quinze septembre au quinze octobre de chaque année.

Par décision du Ministre de la Guerre en date du 21 décembre 1835, M. Gantès est nommé Interprète-traducteur attaché au Parquet.

Par ordonnance du 12 juillet 1836, M. Sémerie, Procureur du Roi à Marseille et membre de la Chambre des Députés, est nommé Procureur Général près les Tribunaux des Possessions françaises dans le Nord de l'Afrique, en remplacement de M. Réalier-Dumas, appelé à d'autres fonctions.

Un arrêté du Ministre de la Guerre, en date du 2 août 1836, définit les attributions du Procureur Général.

Par ordonnances du 6 octobre 1836, sont modifiés la composition et le service des Tribunaux créés par l'ordonnance du 10 août 1834. Le Tribunal Supérieur d'Alger est composé d'un Président, de deux Juges et d'un Juge suppléant ; d'un Procureur Général, d'un Avocat Général et d'un Substitut du

Procureur Général. Le traitement du Procureur Général et celui du Président sont fixés à douze mille francs ; celui de l'Avocat Général à huit mille ; celui des Juges et du Substitut à six mille, celui du Juge suppléant à trois mille francs.

M. LOYSON, Substitut à Alger, est nommé Avocat Général (place créée).

M. VIGNARD, Procureur du Roi à Avallon, est nommé Substitut du Procureur Général, en remplacement de M. LOYSON, nommé Avocat Général.

Et M. MARION Théodore, Avocat, est nommé Juge suppléant (poste créé).

Par arrêté du 27 octobre 1836, M. TANSA est nommé Secrétaire-Interprète au Parquet Général, en remplacement de M. GANTÈS, nommé à Oran.

Par ordonnance du 24 décembre 1836, M. MOURGUES, Greffier du Tribunal civil d'Alger, est nommé Greffier du Tribunal Supérieur, en remplacement de M. GRANDIN, décédé.

Par arrêté du 3 juillet 1837, la durée des vacances du Tribunal Supérieur est portée à six semaines (du 15 juillet au 1er septembre de chaque année). Pendant ces six semaines, le Tribunal Supérieur tiendra au moins deux audiences pour l'expédition des affaires criminelles, des appels de police correctionnelle et des affaires civiles et commerciales urgentes.

Un arrêté du 13 juillet 1837 règle l'exercice et la discipline des professions de Défenseur et d'Huissier près les Tribunaux d'Afrique.

Par ordonnance du 13 juillet 1837, M. CORNISSET-LAMOTTE est nommé Juge au Tribunal Supérieur, en remplacement de M. VERDUN, appelé à d'autres fonctions.

M. PONTON D'AMÉCOURT est nommé Juge, et M. GAURAN est nommé Juge suppléant.

Par ordonnance du 18 juillet 1837, M. CHAIS est nommé

Procureur Général dans les Possessions françaises du Nord de l'Afrique, en remplacement de M. Sémerie.

Par arrêté du Gouverneur Général, en date du 6 décembre 1837, M. Balit est nommé Interprète-traducteur de la langue arabe près le Tribunal Supérieur.

Par ordonnance du 16 janvier 1838, M. Dupont, Avocat à Mont-de-Marsan, est nommé Juge suppléant au Tribunal Supérieur, en remplacement de M. Gauran, nommé Juge dans les Possessions françaises du Nord de l'Afrique.

Une autre ordonnance du même jour modifie l'article 1er de l'ordonnance du 6 octobre 1836 sur l'organisation judiciaire et supprime le poste d'Avocat Général.

M. Fauchier, ancien magistrat, est nommé Substitut du Procureur Général, en remplacement de M. Loyson, Avocat Général, dont le poste est supprimé.

M. Solvet, Juge, est nommé Substitut du Procureur Général, en remplacement de M. Vignard.

Par ordonnance du 1er juillet 1838, M. Renaud-Lebon, Substitut du Procureur Général à Alger, est nommé Juge au Tribunal Supérieur, en remplacement de M. Cornisset-Lamotte, nommé Juge à Valence.

Et M. Delaplace, Procureur du Roi à Dieppe, est nommé Substitut du Procureur Général à Alger, en remplacement de M. Renaud-Lebon, nommé Juge.

Par ordonnance du 20 février 1840, M. Henriot, Premier Avocat Général à Metz, est nommé Procureur Général près les Tribunaux de l'Algérie, en remplacement de M. Chais, appelé à d'autres fonctions.

Par ordonnance du 27 novembre 1840, M. Paulmier, Juge près les Tribunaux de l'Algérie, est attaché au Tribunal Supérieur.

Et M. Beaufils, Juge suppléant près les mêmes Tribunaux, est nommé Adjoint au Substitut du Procureur Général.

Par arrêté du 8 décembre 1840, M. RENAUD-LEBON, Juge, est attaché au Tribunal Supérieur, en remplacement de M. GAURAN, appelé à d'autres fonctions.

Par arrêté du 17 décembre 1840, M. BEAUFILS, Adjoint au Substitut du Procureur Général en Algérie, est attaché au Tribunal Supérieur.

Et M. CAILLEBAR, Juge suppléant à Alger, est nommé Adjoint au Substitut du Procureur Général, en remplacement de M. BEAUFILS.

Une ordonnance du 28 février 1841, portant organisation du service de la Justice en Algérie, crée à Alger une Cour royale dont le ressort embrasse la totalité de l'Algérie, sauf la juridiction des Conseils de guerre.

Elle se compose :

D'un Conseiller-Président ;
De quatre Conseillers ;
De deux Conseillers adjoints avec voix délibérative ;
D'un Greffier et de deux Commis-Greffiers titulaires.

Le Tribunal Supérieur se trouve supprimé par la création de la Cour Royale.

La Cour connait de l'appel des jugements rendus en premier ressort par les Tribunaux de première instance ou de commerce, et par les Tribunaux musulmans. Elle ne peut juger qu'au nombre de trois magistrats au moins.

Constituée en Cour criminelle, elle juge : 1° toutes les affaires de la compétence des Cours d'Assises, directement pour la province d'Alger, et sur appel des jugements rendus par les Tribunaux d'Oran et de Bône, dans certains cas déterminés ; 2° les appels en matière correctionnelle, dans les cas où l'appel est autorisé ; 3° les délits et contraventions imputés aux agents de l'autorité, dans les cas où la compétence en est déférée par la loi française aux Cours Royales. La Cour criminelle siège au nombre de quatre Conseillers ; trois voix sont requises pour qu'il y ait condamnation.

Le droit d'évocation, les injonctions au Procureur Général lui sont nommément interdits. Elle ne peut se réunir en Assemblée générale que sur la réquisition du Procureur

Général et seulement pour délibérer sur les objets qui lui sont communiqués par ce Magistrat.

Un Procureur Général, deux Avocats Généraux, un Substitut du Procureur Général remplissent, concurremment avec deux Procureurs du Roi, auprès des diverses juridictions de l'Algérie, les fonctions de Ministère Public.

Le Procureur Général correspond directement avec le Ministre de la Guerre pour tout ce qui concerne l'Administration de la Justice.

Le Procureur Général, les Avocats Généraux et le Substitut du Procureur Général portent le costume attribué en France aux fonctions qu'ils remplissent. Le Conseiller-Président de la Cour Royale et les Conseillers titulaires ou adjoints portent le costume des Conseillers.

Et par autre ordonnance du même jour, le traitement des Magistrats de la Cour Royale est ainsi fixé :

Procureur Général	15.000 fr.
Conseiller-Président	10.000
Conseillers et Avocats Généraux	6.000
Substitut du Procureur Général	5.000
Conseillers Adjoints	3.600

Par ordonnance du 13 avril 1841, sont nommés :

Procureur Général : M. HENRIOT, Procureur Général dans les Possessions françaises du Nord de l'Afrique, déjà en fonctions ;

Conseiller-Président : M. DUBARD, ancien Procureur Général, en remplacement de M. FILHON, appelé à d'autres fonctions ;

Conseillers : M. GIACOBBI, actuellement Juge ; M. DELAPLACE, actuellement Substitut ; M. PAULMIER, actuellement Juge ; M. BOUTELIER, Procureur du Roi, à Mâcon ;

Conseiller Adjoint : M. MAJOREL, Avocat et Juge suppléant ;

Avocats Généraux : M. DAVERTON, actuellement substitut ; M. DEBRIX, Procureur du Roi à Alençon ;

Substitut du Procureur Général : M. DEGRESLAN, ancien Conseiller Auditeur à la Cour Royale de Bourbon.

Et par autre ordonnance du 24 mai 1841, M. Bernard DE

Marigny, ancien Substitut à Embrun, est nommé Conseiller Adjoint à la Cour Royale d'Alger.

M. Mourgues conserve son poste de Greffier.

Par arrêté du 23 juillet 1841, M. Jauffret, Auguste, Commis-Greffier au Tribunal de Bône, est nommé Commis-Greffier à la Cour Royale d'Alger.

Une ordonnance du 19 octobre 1841 rend exécutoires en Algérie les lois, décrets et ordonnances qui régissent en France les droits d'enregistrement, de greffe, d'hypothèques, et les obligations des Officiers ministériels.

Par ordonnance du 14 novembre 1841, M. Gauran, Juge au Tribunal d'Oran, est nommé Substitut du Procureur Général près la Cour d'Alger, en remplacement de M. Degreslan ;
Et M. Delort, Juge suppléant à Alger, est nommé Conseiller adjoint, en remplacement de M. Majorel.

Un arrêté du 26 novembre 1841 réglemente l'exercice de la profession de Défenseur en Algérie.

Par ordonnance du 25 juin 1842, M. Pierrey, Juge adjoint au Tribunal d'Oran, est nommé Conseiller Adjoint à la Cour Royale d'Alger, en remplacement de M. Delort, démissionnaire.

Une ordonnance du 26 septembre 1842 modifie l'organisation judiciaire en Algérie.

La Cour Royale d'Alger se compose : d'un Président, de sept Conseillers, etc. En toute matière, la Cour ne peut juger qu'au nombre de cinq Conseillers au moins.

Le Procureur Général exerce toutes les attributions qui sont conférées en France aux Procureurs Généraux près les Cours Royales, et en outre celles qui lui sont spécialement conférées par les ordonnances, arrêtés et règlements en vigueur en Algérie. En cas d'absence ou d'empêchement, il est remplacé par l'un des Avocats Généraux qu'il désigne, et, à défaut de désignation, par le plus ancien d'entre eux.

Les Conseillers Adjoints à la Cour Royale peuvent être attachés au service du Parquet, sur la désignation du Procureur Général.

Les autres dispositions de l'ordonnance du 28 février 1841, sur les Conseillers Adjoints, le Procureur Général et ses auxiliaires, la juridiction et la compétence de la Cour, sont maintenues.

Par autre ordonnance du même jour, le traitement du Président de la Cour est porté à 12,000 fr.

Par ordonnance du 17 octobre 1842, sont nommés :

Président de la Cour Royale d'Alger (place créée) : M. DUBARD, Conseiller-Président à la même Cour ;

Conseiller à la Cour Royale d'Alger (place créée) : M. SOLVET, Juge au Tribunal d'Alger ;

Conseiller à la Cour Royale d'Alger (place créée) : M. JOLLIVET, Juge au Tribunal civil de Vannes ;

Conseiller à la Cour Royale d'Alger (place créée) : M. GAURAN, Substitut du Procureur Général à Alger ;

Conseiller Adjoint à la Cour Royale d'Alger : M. TOURANGIN-DESBRISSARD, Substitut à Châteauroux, en remplacement de M. Bernard de MARIGNY, appelé à d'autres fonctions ;

Conseiller Adjoint à la Cour Royale d'Alger : M. LE FRANCÇOIS, Juge Adjoint à Bône, en remplacement de M. PIERREY, appelé à d'autres fonctions ;

Substitut du Procureur Général à Alger : M. Bernard DE MARIGNY, en remplacement de M. GAURAN, nommé Conseiller.

Un arrêté du 22 novembre 1842 règle les attributions du Procureur Général et la discipline de l'Ordre judiciaire.

A la suite de cet arrêté intervient un règlement sur l'ordre du service judiciaire et des Assemblées générales, sur la prestation de serment des Membres de l'Ordre judiciaire, sur les préséances et les honneurs.

Par arrêté du 25 novembre 1842, M. DYVRANDE, ancien

Avoué à la Cour Royale de Paris, est nommé Commis-Greffier à la Cour, en remplacement de M. JAUFFRET, appelé à d'autres fonctions.

Par arrêté du 14 février 1843, SID AHMED BEN BRAHIM BOUKANDOURA est nommé Assesseur musulman près la Cour Royale.

Par ordonnance du 26 avril 1843, M. DU BODAN, Premier Avocat Général à Rennes, est nommé Procureur Général en Algérie, en remplacement de M. HENRIOT, nommé Procureur Général près la Cour Royale de Montpellier.

Par arrêté du 14 août 1843, M. DUMONT est nommé Secrétaire-Interprète au Parquet Général, en remplacement de M. TANSA.

Par ordonnance du 13 février 1844, M. MONGRAND, Président du Tribunal de Philippeville, est nommé Conseiller à la Cour, en remplacement de M. BOUTELIER, appelé à d'autres fonctions.

Et M. BROWN, Juge Adjoint au Tribunal d'Alger, est nommé Conseiller adjoint, en remplacement de M. LE FRANÇOIS, appelé à d'autres fonctions.

Par arrêté du 28 mai 1844, M. DESTRÈS est nommé Secrétaire-Interprète au Parquet Général, en remplacement de M. DUMONT.

Par ordonnance du 12 août 1844, M. LECAUCHOIS-FÉRAUD, Substitut à Lyon, est nommé Substitut du Procureur Général, en remplacement de M. Bernard DE MARIGNY, appelé à d'autres fonctions.

Le 30 novembre 1844, ordonnance qui modifie l'organisation de la Cour Royale, qui se composera, à l'avenir, d'un Président, d'un Vice-Président, de douze Conseillers, d'un Greffier en chef et de deux Commis-Greffiers titulaires.

Les fonctions de Ministère Public près la Cour sont remplies par un Procureur Général, deux Avocats Généraux et deux Substituts du Procureur Général.

La Cour se divise en deux Chambres : une Chambre civile et une Chambre criminelle.

La Chambre civile connaît des appels des jugements rendus, en matière civile et commerciale, par les Tribunaux de première instance et le commerce, et par les Tribunaux musulmans. Elle est présidée par le Président de la Cour.

La Chambre criminelle connaît : 1° de toutes les affaires de la compétence des Cours d'Assises, directement pour la province d'Alger, et sur appel des jugements rendus par les tribunaux de Bône, de Philippeville et d'Oran, pour les provinces de Constantine et d'Oran ; 2° des appels en matière correctionnelle ; 3° directement, des crimes et délits prévus par le chapitre 3 du titre IV, livre II du Code d'instruction criminelle, dans tous les cas où le jugement en est déféré aux Cours Royales de France. Elle connaît, en outre, des appels en matière civile et commerciale qui lui sont renvoyés par le Président. Elle est présidée par le Vice-Président ; toutefois, le Président de la Cour la préside quand il le juge convenable.

Les Conseillers Adjoints sont supprimés.

Le traitement du Vice-Président est de. . . . .   7.500 fr.
Le traitement des Avocats Généraux est de. . .   7.000
Le traitement des Substituts du Procureur Général est de. 4.500

Les autres traitements ne subissent aucune modification.

Par ordonnance du 15 décembre 1844, sont nommés :

Vice-Président de la Cour Royale d'Alger (place créée) : M. BERTORA, Président de Chambre à la Cour de Bastia ;

Conseiller à la Cour Royale d'Alger (place créée) : M. MAJOREL, Juge au Tribunal d'Alger ;

Conseiller à la Cour Royale d'Alger (place créée) : M. PLANCHAT, Président du Tribunal d'Oran ;

Conseiller à la Cour Royale d'Alger (place créée) : M. MARION, Président du Tribunal de Bône ;

2

Conseiller à la Cour Royale d'Alger (place créée) : M. CASA-MAJOUR, Juge au Tribunal d'Alger;

Conseiller à la Cour Royale d'Alger (place créée): M. CAMPER, Procureur du Roi à Vitré (Ille-et-Vilaine);

Substitut du Procureur Général en Algérie (place créée): M. PIERREY, Substitut du Procureur du Roi à Alger.

Une ordonnance du 9 février 1845 régularise la perception des droits et remises attribuée au Greffier en chef de la Cour, et le mode de nomination des Commis-Greffiers.

Et par arrêté du 16 février 1845 le traitement du Greffier en Chef de la Cour Royale d'Alger est fixé à 3,600 fr., celui des Commis-Greffiers à 2,000 fr.

Par arrêté du 8 mars 1845, de M. le Procureur Général, M. BERNARD est nommé Commis-Greffier près la Cour;

Et M. MÉROT, Commis-Greffier au Tribunal de Bône, est nommé Commis-Greffier près la Cour.

Par décision du Ministre de la Guerre, en date du 13 avril 1845, M. LIMBERY est nommé Secrétaire-Interprète au Parquet Général de la Cour, en remplacement de M. DESTRÈS.

Un arrêté du 26 mai 1845 réglemente l'exercice de la profession de Défenseur en Algérie.

Par arrêté du 22 juillet 1845, M. REVERTEGAT, Procureur du Roi à Alger, est nommé Conseiller à la Cour, en remplacement de M. MAJOREL, appelé à d'autres fonctions.

Par ordonnance du 20 octobre 1845, M. GILARDIN, Procureur du Roi à Lyon, est nommé Procureur Général, chef du service de la Justice en Algérie, en remplacement de M. du BODAN, appelé à d'autres fonctions.

Par ordonnance du 9 novembre 1845. M. LECAUCHOIS-FÉRAUD, Substitut du Procureur Général à Alger, est nommé Avocat Général à la Cour, en remplacement de M. DAVERTON, appelé à d'autres fonctions.

Par arrêté du 10 novembre 1845, de M. le Procureur Général, M. KGROHEN, Greffier du Tribunal de Lorient, est nommé Commis-Greffier à la Cour.

Par ordonnance du 8 janvier 1846, M. CAVAILHON, Procureur du Roi à Blida, est nommé Substitut du Procureur Général près la Cour d'Alger, en remplacement de M. LECAUCHOIS-FÉRAUD, nommé Avocat Général.

Par ordonnance du 1er février 1846, le Greffier en Chef de la Cour Royale d'Alger est soumis à un cautionnement de 4,000 fr.

Par arrêté de M. le Procureur Général, en date du 18 avril 1846, M. LAMBERT est nommé Commis-Greffier près la Cour Royale d'Alger.

Une ordonnance du 16 juillet 1846 régularise l'institution des Interprètes judiciaires, et par arrêté du 20 mai suivant, le traitement des Interprètes judiciaires attachés à la Cour d'Alger est fixé à 3,000 fr.

Par ordonnance du 25 septembre 1846, M. D'AVANNES, Vice-Président du Tribunal d'Évreux, est nommé Conseiller, en remplacement de M. JOLLIVET, appelé à d'autres fonctions.

Par arrêté ministériel du 3 novembre 1846, M. BOETTO a été nommé Interprète judiciaire pour la langue espagnole ;
Et M. Julien JOSEPH, Interprète judiciaire pour la langue arabe près la Cour d'Alger.

Par arrêté ministériel du 22 mars 1847, M. David DURAND est nommé Secrétaire-Interprète au Parquet Général de la Cour, en remplacement de M. LIMBÉRY.

Par ordonnance du 6 octobre 1847, M. COUTTOLENC, Procureur du Roi à Oran, est nommé Conseiller à la Cour, en remplacement de M. REVERTEGAT.
Par autre ordonnance du 3 novembre 1847, M. CAVAILHON,

Substitut du Procureur Général, est nommé Conseiller à la Cour, en remplacement de M. DELAPLACE,

Et M. DIDIER, Procureur du Roi à Blida, est nommé Substitut du Procureur Général, en remplacement de M. CAVAILHON, nommé Conseiller.

Par décret du 28 mars 1848, M. DELAHAIE, Avocat, Adjoint au maire du deuxième arrondissement de Paris, est nommé Conseiller à la Cour d'Alger, en remplacement de M. MON-GRAND, admis sur sa demande à faire valoir ses droits à la retraite.

Et par autre décret du 29 mars 1848, M. JOUVE DU BOR, Avocat, est nommé Conseiller à la Cour d'Alger, en remplacement de M. GAURAN, révoqué.

Par arrêté de M. le Procureur Général, en date du 1ᵉʳ avril 1848, M. DELORME est nommé Commis-Greffier à la Cour, en remplacement de M. KGROHEN, démissionnaire.

Par arrêté du 17 juillet 1848, huit Défenseurs, sur les vingt-quatre en exercice près les Tribunaux d'Alger, sont attachés à la Cour d'Appel d'Alger ; et par autre arrêté, du 29 du même mois, ces huit Défenseurs sont :

MM. TIOCH ;
    QUINQUIN ;
    ECOIFFIER, Auguste ;
    LUSSAC, Jean-Baptiste ;
    SABATÉRY ;
    FRUCHIER ;
    VILLACROSE ;
    BOURIAUD.

Un arrêté du 20 août 1848 porte que les attributions conférées au Ministre de la Guerre pour l'administration de la Justice en Algérie, seront, à l'avenir, du ressort exclusif du Ministre de la Justice.

Cependant le service de la Justice indigène reste placé dans les attributions du Ministre de la Guerre.

Par arrêté du 18 septembre 1848, M. Barbaroux, ancien Procureur Général près la Cour d'Appel de l'île de la Réunion, est nommé Procureur Général, chef du service de la Justice en Algérie, en remplacement de M. Gilardin.

Par arrêté du 19 septembre 1848, sont nommés :

Président de la Cour d'appel d'Alger : M. de Vaulx, ancien Procureur Général à la Martinique, en remplacement de M. Dubard, admis à faire valoir ses droits à la retraite, et nommé Président honoraire ;

Conseiller à la Cour d'appel d'Alger : M. Lefèvre, Président du Tribunal de Blida, en remplacement de M. Planchat, décédé ;

Conseiller à la Cour d'appel d'Alger : M. Pujo, ancien Procureur de la République à St-Pierre (Martinique), en remplacement de M. Paulmier, admis à faire valoir ses droits à la retraite ;

Substitut du Procureur Général à la Cour d'appel d'Alger : M. Bertauld, Procureur de la République à Philippeville, en remplacement de M. Didier, démissionnaire.

Par arrêté du 2 décembre 1848, M. Paulmier, Avocat à la Cour d'Appel de Rouen, est nommé Avocat Général près la Cour d'Appel d'Alger, en remplacement de M. de Brix, appelé à d'autres fonctions.

Par décret du 18 juillet 1849, sont nommés :

Conseiller à la Cour d'Appel d'Alger : M. Mouret Saint-Donat, Vice-Président du Tribunal d'Alger, en remplacement de M. Jouve du Bor, appelé à d'autres fonctions ;

Conseiller à la Cour d'Appel d'Alger : M. Marion, Président du Tribunal de Philippeville, en remplacement de M. Delahaie, appelé à d'autres fonctions ;

Avocat Général à la Cour d'appel d'Alger : M. Pierrey, Substitut du Procureur Général près la même Cour, en remplacement de M. Paulmier, appelé à d'autres fonctions ;

Substitut du Procureur Général près la Cour d'Appel d'Alger :

M. Bonie, Substitut au Tribunal d'Alger, en remplacement de M. Pierrey, nommé Avocat Général.

Par décret du 26 octobre 1849, M. Marrast, Achille, Procureur Général près la Cour d'appel de Pau, est nommé Procureur Général en Algérie, en remplacement de M. Barbaroux, appelé à d'autres fonctions.

Par décret du 30 octobre 1850, M. Demoly, Conseiller à la Cour d'appel de la Martinique, est nommé Conseiller à la Cour d'appel d'Alger, en remplacement de M. Pujo, appelé à d'autres fonctions.

Par arrêté du 21 novembre 1850, M. Pillod est nommé Commis-Greffier près la Cour, en remplacement de M. Delorme, appelé à d'autres fonctions.

Par décret du 6 décembre 1850, M. de Baillehache, ancien magistrat, est nommé Avocat Général à Alger, en remplacement de M. Lecauchois-Féraud, appelé à d'autres fonctions.
Et par autre décret du 18 décembre 1850, M. André, Vice-Président du Tribunal d'Alger, est nommé Conseiller à la Cour, en remplacement de M. Giacobbi, appelé à d'autres fonctions.

Un décret du 25 avril 1851 réorganise le corps des Interprètes Judiciaires près la Cour d'Alger et les Tribunaux du ressort.

Par décret du 12 mai 1851, M. Bardy, Substitut du Procureur Général à Riom, est nommé Avocat Général à Alger, en remplacement de M. de Baillehache, nommé Avocat Général à Colmar.
Et par autre décret du 12 juin 1851, M. Chevillotte, Procureur de la République à Constantine, est nommé Substitut du Procureur Général à Alger, en remplacement de M. Bonie, nommé Juge d'Instruction à Condom.

Par décret du 22 octobre 1851, M. Calmels, Avocat à la

Cour de Paris, est nommé Défenseur près la Cour d'Alger, en remplacement de M. ECOIFFIER, décédé.

Par décret du 18 novembre 1851, M. LAGRANGE, Procureur Général à Bastia, est nommé Procureur Général, chef du service de la Justice en Algérie, en remplacement de M. MARRAST, appelé à d'autres fonctions.

Par décret du 19 février 1852, sont nommés :

Conseiller à la Cour d'Alger : M. BROWN, Vice-Président du Tribunal d'Alger, en remplacement de M. MARION, Théodore, révoqué ;

Et Conseiller à la même Cour, M. GIACOBBI, ancien Magistrat, en remplacement de M. CAMPER, révoqué.

Et par autre décret du 11 mars 1852, sont nommés :

Conseiller à la Cour d'Alger : M. LARDEUR, Procureur de la République à Alger, en remplacement de M. COUTTOLENE ;

Conseiller à la même Cour : M. CAILLEBAR, Président du Tribunal de Bône, en remplacement de M. LEFÈVRE ;

Conseiller à la même Cour : M. GUILLAUME, Président du Tribunal de Blida, en remplacement de M. MOURET SAINT-DONAT ;

Conseiller à la même Cour : M. PINSON DE MÉNERVILLE, Vice-Président du Tribunal d'Alger, en remplacement de M. DÉMOLY ;

Avocat Général à Alger : M. ROBINET DE CLÉRY, Procureur de la République à Oran, en remplacement de M. BARDY ;

Substitut du Procureur Général à Alger : M. BARNY, Substitut du Procureur de la République à Alger, en remplacement de M. CHEVILLOTTE, nommé Procureur de la République à Alger.

Par décret du 4 août 1852, M. IMBERDIS, ancien magistrat, est nommé Conseiller à Alger, en remplacement de M. ANDRÉ, nommé Conseiller à Rennes.

Par arrêté du 22 octobre 1852, M. TOUSSAINT est nommé

Commis-Greffier près la Cour, en remplacement de M. LAM-
BERT, appelé à d'autres fonctions.

Par décret du 5 janvier 1853, M. CHABERT-MOREAU, Licencié
en Droit, est nommé Défenseur près la Cour, en remplacement
de M. LUSSAC, décédé.

Par décret du 19 mars 1853, M. GUILLEMARD, Procureur
Impérial à Bordeaux, est nommé Procureur Général près la
Cour d'Alger, en remplacement de M. LAGRANGE, appelé à
d'autres fonctions.

Par décret du 7 mai 1853, M. DUBARD, Procureur Impérial
à Constantine, est nommé Substitut du Procureur Général à
Alger, en remplacement de M. BERTAULD, qui est nommé
Président à Brives.

Un décret du 19 mai 1853 fixe à deux mois, du 1er août au
1er octobre de chaque année, la durée des vacances de la Cour
d'Alger. Pendant les vacances, il est pourvu à l'expédition des
affaires civiles, commerciales, criminelles et correctionnelles
par une Chambre des vacations, composée du Président ou
du Vice-Président et de six Conseillers. La composition de la
Chambre des vacations est déterminée chaque année par un
arrêté du Garde des Sceaux pris sur la délibération de la
Cour et sur le rapport du Procureur Général.

Par décret du 12 novembre 1853, M. LABBÉ DE GLATINAY,
Président du Tribunal de Constantine, est nommé Conseiller
à la Cour d'Alger, en remplacement de M. CAILLEBAR, nommé
Conseiller à Aix.

Par arrêté du 15 février 1854, M. MAURIN a été nommé
Commis-Greffier à la Cour, en remplacement de M. TOUSSAINT,
décédé.

Un arrêté ministériel du 14 septembre 1854, investit le
Procureur Général, chef du Service Judiciaire, du droit d'ac-

corde: aux Magistrats de la Cour les congés de moins d'un mois.

Par décret du 25 novembre 1854, M. JOURNÈS est nommé Défenseur près la Cour, en remplacement de M. BUSSIÈRE, décédé.

Par décret du 27 décembre 1854, sont nommés : Conseiller à la Cour d'Alger (place créée) : M. TRUAUT, Vice-Président du Tribunal d'Alger.
Conseiller à la Cour d'Alger (place créée) : M. LE ROY, Juge au Tribunal d'Alger.

Par décret du 2 juin 1855, M. PIETRA SANTA, Procureur Impérial à Beaune, est nommé Conseiller à la Cour d'Alger en remplacement de M. LABBÉ DE GLATINAY, qui est nommé Conseiller à Angers.

Le 27 août 1855, prestation de serment de M. MÉDARD, nommé Commis-Greffier à la Cour, en remplacement de M. PILLOD, nommé Greffier de la Justice de Paix de Tlemcen.
Et de M. ROUSSOT, nommé Commis-Greffier à la Cour, en remplacement de M. MAURIN, démissionnaire.

Par décret du 19 janvier 1856, M. SABATÉRY est nommé Défenseur près la Cour d'Appel d'Alger.

Par décret du 1er mars 1856, M. GAUTIER DE SAINT PAULET, Vice-Président du Tribunal d'Alger, est nommé Conseiller à la Cour, en remplacement de M. MARION M. A. A., nommé Président du Tribunal d'Alger.

Par décret du 19 avril 1856, M. AUPIED, Interprète Traducteur assermenté, a été nommé Interprète Judiciaire près la Cour, en remplacement de M. JULIEN, révoqué.

Par décret du 15 septembre 1856, M. JOLY, Interprète près le Tribunal de Constantine, est nommé Interprète Judiciaire près la Cour, en remplacement de M. AUPIED, révoqué.

Par décret du 29 septembre 1856, M. Genella est nommé Défenseur près la Cour d'appel d'Alger.

Par décret du 4 février 1857, sont nommés : Conseiller à la Cour : M. Lefrançois, Procureur Impérial à Blida, en remplacement de M. Lardeur, décédé.

Conseiller à la Cour : M. Allier, Procureur Impérial à Milhau, en remplacement de M. Casamajour, admis à faire valoir ses droits à la retraite et nommé Conseiller Honoraire.

Par décret du 21 février 1857, M. Balit est nommé Interprète Judiciaire près la Cour, en remplacement de M. Joly ;

Et M. Joly, Interprète Judiciaire près la Cour, est nommé Secrétaire-Interprète du Parquet Général.

Par arrêté du 21 août 1857, M. Chabert est nommé Commis-Greffier à la Cour, en remplacement de M. Médard, nommé Huissier à Oran.

Par décret du 13 janvier 1858, M. Meynier, Président du Tribunal d'Oran, est nommé Conseiller à la Cour, en remplacement de M. Guillaume, admis à faire valoir ses droits à la retraite.

Un décret du 29 juillet 1858 place le service de la Justice en Algérie dans les attributions du Ministère de l'Algérie et des Colonies, créé par décret du 24 juin précédent. L'article 3 de ce décret définit la situation des Magistrats de l'Algérie en ces termes : *Ils sont considérés comme détachés du service de la Justice pour un service public.*

Par arrêté du 1er septembre 1858, M. Pontareaud est nommé Commis-Greffier à la Cour, en remplacement de M. Chabert, démissionnaire.

Et par décret du 13 octobre 1858, M. Ballestéros, Interprète Judiciaire à Oran, est nommé Interprète Judiciaire près la Cour, en remplacement de M. Boetto, révoqué.

Par décret du 14 novembre 1858, M. Namur, Procureur

Impérial à Blida, est nommé Substitut du Procureur Général, en remplacement de M. Dubard, nommé Procureur Impérial à Bourges.

Le décret du 13 décembre 1858 assimile la Cour d'Alger aux Cours Impériales de la Métropole, quant aux attributions et aux prérogatives.

Elle se compose d'un Premier Président ; de deux Présidents de Chambre ; de dix-sept Conseillers ; d'un Procureur Général ; de deux Avocats Généraux, dont l'un prend le titre de Premier Avocat Général ; de deux Substituts du Procureur Général ; d'un Greffier en Chef et de deux Commis-Greffiers Titulaires.

Elle est divisée en trois Chambres : Chambre civile, Chambre des mises en accusation et Chambre des appels correctionnels ;

Et par décret du 15 décembre 1858, sont nommés :

Premier Président de la Cour : M. de Vaulx, en ce moment Président ;

Président de Chambre : M. Bertora, en ce moment Vice-Président ;

Président de Chambre : M. Imberdis, en ce moment Conseiller ;

Conseiller : M. Barny, Substitut du Procureur Général, en remplacement de M. Imberdis, nommé Président de Chambre ;

Conseiller (poste créé) : M. Deroste, Vice-Président du Tribunal d'Alger ;

Conseiller (poste créé) : M. Tixier de la Chapelle, Président du Tribunal de Blida ;

Conseiller (poste créé) : M. Barbaroux, Conseiller à la Cour Impériale de la Réunion ;

Et Premier Avocat Général à la Cour : M. Pierrey, Avocat Général à la Cour Impériale d'Alger ;

A l'audience solennelle de son installation, M. le Premier Président de Vaulx inaugurait en ces termes ses nouveaux rapports avec le Ministère public :

« J'aime aussi à compter sur le bon et utile concours du
» Ministère Public ; depuis longtemps j'apprécie tout ce qu'il
» y a de valeur dans ses rangs, et il ne m'a pas fallu six
» années pour reconnaître ce que toute la science du juris-
» consulte au service d'une grande et belle intelligence offrait,
» chez son chef, de garanties à la bonne administration de la
» Justice. Aujourd'hui que les deux pouvoirs sont parallèles,
» j'aimerai surtout à me rappeler que, naguère, il mettait
» autant de soin à me faire oublier cette différence hiérar-
» chique que j'en mettais à m'en souvenir. »

Par arrêté du 2 janvier 1859, M. COULBAUX est nommé Secrétaire du Parquet de la Cour (poste créé).

Par décrets des 2 et 7 mars 1859, l'assistance judiciaire est
accordée aux indigents en Algérie.

Le bureau d'Assistance établi près la Cour Impériale est
composé : 1° d'un membre du Parquet de la Cour désigné par
le Procureur Général ; 2° de deux délégués nommés l'un par
le Directeur de l'Enregistrement et l'autre par le Préfet ; 3° de
deux autres membres nommés en Assemblée Générale par la
Cour, et choisis parmi les anciens magistrats, les avocats ou
anciens avocats, les défenseurs ou anciens défenseurs, les
avoués ou anciens avoués, les notaires ou anciens notaires.
— Lorsqu'un musulman réclame l'assistance judiciaire devant
la Cour, un assesseur musulman est adjoint au bureau. La
désignation en est faite par le Procureur Général. Les fonctions de Secrétaire sont remplies par le Greffier en chef ou
l'un de ses commis assermentés. Le bureau ne peut délibérer
qu'au nombre de trois membres au moins, non compris le
Secrétaire, qui n'a pas voix délibérative. Les décisions sont
prises à la majorité. En cas de partage, la voix du Président
est prépondérante.

Par arrêté du 3 mars 1859, M. DELAGRANGE est nommé
Commis-Greffier de la Cour.

Par décret du 23 mars 1859, M. BAILLEUL, Substitut au Tribunal d'Alger, est nommé Substitut du Procureur Général à

Alger, en remplacement de M. Barny, qui a été nommé Conseiller à la Cour.

Sur un rapport présenté à l'Empereur par le Ministre de l'Algérie et des Colonies, constatant que par suite de la réorganisation de la Cour Impériale d'Alger, les traitements des principaux membres de la Magistrature algérienne ne sont plus en rapport avec les fonctions nouvelles, et qu'il y a lieu de fixer ces traitements en se rapprochant autant que possible des règles appliquées à la Magistrature Métropolitaine, intervient un décret, en date du 22 avril 1859, fixant à partir du 1ᵉʳ janvier de la même année, ces traitements de la façon suivante :

Premier Président et Procureur Général. . . 15.000 fr.
Premier Avocat Général. 9.000

De plus il est alloué une indemnité de représentation de trois mille francs tant au Premier Président qu'au Procureur Général.

Par décret du 14 septembre 1859, M. Barberet, Défenseur près le Tribunal de première instance d'Alger, est nommé Défenseur près la Cour d'Alger.

Par décret du 27 novembre 1859, il est créé à la Cour un troisième emploi de Commis-Greffier rétribué par l'État.

Par décret du 31 décembre 1859, il est institué en Algérie de nouveaux Tribunaux musulmans. Les appels des jugements rendus par les Cadis en premier ressort sont portés devant la Cour lorsque la valeur du litige est supérieure à quinze cents francs pour les actions personnelles et mobilières, et pour les actions immobilières, à cent cinquante francs de revenu déterminé, soit en rentes, soit en prix de bail. Pour la connaissance de ces appels, la Cour sera assistée de deux Assesseurs musulmans ayant voix consultative.

En vertu d'un décret du 27 février 1860, le tableau de roulement des Présidents et Conseillers de la Cour d'Alger sera dressé, dans la première quinzaine du mois qui précède les vacations, par le Premier Président et par le Procureur Général, et présenté aux Chambres assemblées pour recevoir leurs observations. Il sera soumis à l'approbation du Ministre de l'Algérie et des Colonies.

La Chambre des vacations sera tenue par le Président et les Conseillers de la Chambre des appels correctionnels, et, en cas d'absence ou d'empêchement, par les moins anciens Conseillers de la Chambre des mises en accusation.

Par décret du 18 juin 1860, M. DE THEVENARD, Procureur Impérial à Oran, est nommé Conseiller à la Cour d'Alger, en remplacement de M. D'AVANNES, décédé.

Par arrêté du 21 août 1860, est nommé deuxième Assesseur près la Cour d'Alger : SI KADDOUR BEN TURKIA, Assesseur près le Tribunal de première instance du même siège.

L'article 1er du décret du 10 décembre 1860 porte que le Gouvernement et la haute Administration de l'Algérie sont centralisés à Alger, sous l'autorité d'un Gouverneur Général.

Le service de la Justice rentre dans les attributions du Garde des Sceaux ; mais, néanmoins, le Chef du Parquet Général est tenu de faire chaque mois un rapport au Gouverneur Général et de lui remettre le double des rapports généraux adressés au Ministre de la Justice.

Par décret du 19 décembre 1860, M. PIERREY, Premier Avocat Général à la Cour d'Alger, est nommé Procureur Général près la même Cour, en remplacement de M. GUILLEMARD, nommé Conseiller à la Cour Impériale de Paris.

M. ROBINET DE CLÉRY, Avocat Général à la Cour d'Alger, est nommé Premier Avocat Général près la même Cour, en remplacement de M. PIERREY, nommé Procureur Général ;

Et M. DURAND, Procureur Impérial à Châlons-sur-Marne, est nommé Avocat Général à la Cour d'Alger, en remplacement de M. Robinet de Cléry, nommé Premier Avocat Général.

Par arrêté du 12 février 1861, M. Nivoy est nommé Secrétaire en Chef du Parquet de la Cour, en remplacement de M. Coulbaux, appelé à d'autres fonctions.

Par décret du 23 février 1861, M. Kuenemann, Procureur Impérial à Alger, est nommé Conseiller à la Cour d'Alger, en remplacement de M. de Thévenard, qui le remplace comme Procureur Impérial à Alger.

Par décret du 1er mai 1861, l'indemnité accordée à chacun des Conseillers délégués pour présider et composer les Cours d'Assises ordinaires des départements de Constantine et d'Oran, sera : de huit cents francs pour le département de Constantine, et de sept cents francs pour celui d'Oran.

Par décret du 15 mai 1861, M. Jousseume, Procureur Impérial à Semur, est nommé Conseiller à la Cour d'Alger, en remplacement de M. Barbaroux, nommé Conseiller à Aix.

Par arrêté du 31 juillet 1861, M. Soulié est nommé Commis-Greffier à la Cour.

Par décret du 17 septembre 1861, M. Bonhomme de Lajaumont, Président du Tribunal de Bône, est nommé Conseiller, en remplacement de M. Giacobbi, admis à faire valoir ses droits à la retraite.

Par arrêté du 21 décembre 1861, M. de Rochemonteix est nommé Commis-Greffier à la Cour.

Par décret du 3 septembre 1862, M. Solvet, Conseiller à Alger, y est nommé Président de Chambre, en remplacement de M. Bertora, admis à faire valoir ses droits à la retraite.

Et par décret du 15 septembre 1862, M. Letourneux, Procureur Impérial à Bône, est nommé Conseiller à la Cour d'Alger, en remplacement de M. SOLVET, nommé Président de Chambre.

Par décret du 23 novembre 1862, M. BOURDENS-LASSALLE, Vice-Président du Tribunal d'Alger, est nommé Conseiller, en remplacement de M. PIETRA-SANTA, admis à faire valoir ses droits à la retraite et nommé Conseiller honoraire.

Par décret du 10 janvier 1863, M. HURÉ est nommé Défenseur près la Cour (place vacante).

Par décret du 20 août 1863, M. FARINE, Procureur Impérial à Toulon, est nommé Conseiller à la Cour d'Alger, en remplacement de M. LEFRANÇOIS, nommé Conseiller à Pau.

Et par décret du 20 décembre 1863, M. PÉRINNE, Procureur Impérial à Thionville, est nommé Conseiller à Alger, en remplacement de M. BONHOMME DE LAJAUMONT, décédé.

Un décret du 1er mars 1864 crée à la Cour d'Alger une deuxième Chambre civile.

La Cour se trouvera donc composée, à l'avenir, de : 1° un Premier Président ; 2° trois Présidents de Chambre ; 3° vingt-quatre Conseillers ; 4° un Procureur Général ; 5° un Premier Avocat Général ; 6° deux Avocats Généraux ; 7° deux Substituts du Procureur Général ; 8° un Greffier en Chef et trois Commis-Greffiers.

Par arrêté du 10 mars 1864, M. NIVOY est nommé Commis-Greffier à la Cour.

Par décret du 19 mars 1864, M. PIERREY, Procureur Général près la Cour d'Alger, est nommé Premier Président de la même Cour, en remplacement de M. DE VAULX, nommé Conseiller à la Cour de Cassation.

Et M. ROBINET DE CLÉRY, Premier Avocat Général à la Cour d'Alger, est nommé Procureur Général près la même Cour, en remplacement de M. PIERREY, nommé Premier Président.

Par décret du 30 mars 1864, M. MAZEL, Procureur Impérial à Montpellier, est nommé Premier Avocat Général à la Cour d'Alger, en remplacement de M. Robinet de Cléry, nommé Procureur Général.

Par arrêté du 27 juillet 1864, M. Fournier est nommé Commis-Greffier à la Cour.

Par décret du 10 septembre 1864 sont nommés à la Cour d'Alger :

Président de Chambre (place créée) : M. Pinson de Ménerville, Conseiller à la même Cour ;

Conseiller : M. Voyer, Vice-Président du Tribunal de Quimper, en remplacement de M. Pinson de Ménerville, nommé Président de Chambre ;

Conseiller (place créée) : M. Soulé, Président du Tribunal de Philippeville ;

Conseiller (place créée) : M. de Tonnac, Président du Tribunal de Blida ;

Conseiller (place créée) : M. Vollon, Président du Tribunal de Bône ;

Conseiller (place créée) : M. Namur, Substitut du Procureur Général à la même Cour ;

Conseiller (place créée) : M. Dumalle, Procureur Impérial à Grasse ;

Conseiller (place créée) : M. Gandillot, Vice-Président du Tribunal d'Alger ;

Conseiller (place créée) : M. d'Andrée de Renoard, Juge d'Instruction à Valence ;

Avocat Général (place créée) : M. Rouchier, Procureur Impérial à Oran ;

Substitut du Procureur Général : M. Verger, Procureur Impérial à Blida, en remplacement de M. Namur, nommé Conseiller.

Par décret du 19 octobre 1864, M. Marion, Président du Tribunal d'Alger, est nommé Président de Chambre à la Cour, en remplacement de M. Imberdis, nommé Président de Chambre à Agen.

Par décret du 22 octobre 1864, M. Payot, Conseiller à la

Cour de la Martinique, est nommé Conseiller à la Cour d'Alger, en remplacement de M. Déroste, nommé Président du Tribunal d'Alger.

Par décret du 20 novembre 1864, M. Morati-Gentile, Procureur Impérial à Mostaganem, est nommé Substitut du Procureur Général à la Cour d'Alger, en remplacement de M. Bailleul, nommé Substitut à Caen ;

Par décret du 4 janvier 1865, M. Le Bihan, ancien magistrat, est nommé Substitut du Procureur Général à Alger, en remplacement de M. Verger, nommé Substitut à Marseille.

Par décret du 2 décembre 1865, M. Brown, Conseiller à la Cour d'Alger, est nommé Président de Chambre à la même Cour, en remplacement de M. Solvet, admis à faire valoir ses droits à la retraite, et nommé Président de Chambre honoraire.

Et M. Jouyne, Président du Tribunal de Constantine, est nommé Conseiller à la Cour, en remplacement de M. Brown, nommé Président de Chambre.

Par décret du 15 octobre 1866, M. Mathelat, Vice-Président du Tribunal d'Alger, est nommé Conseiller à la Cour d'Alger, en remplacement de M. Bourdens-Lassalle, décédé.

Un décret du 13 décembre 1866 réorganise les Tribunaux musulmans et institue à Alger un Conseil Supérieur de droit musulman. Les applications de ce décret, en ce qui concerne la Cour, se trouvent en l'article 23 qui donne à la Cour, *pour la province d'Alger*, la connaissance sur appel de tous les litiges dont la valeur est indéterminée ou excède deux mille francs de capital, pour les actions personnelles et mobilières, et deux cents francs de revenu pour les actions immobilières ; et *pour l'arrondissement d'Alger*, la connaissance sur appel des litiges dont la valeur est même inférieure à ces sommes ; — en l'article 24, qui établit pour le jugement des appels entre musulmans une Chambre spéciale composée de trois Magistrats français et de deux assesseurs musulmans ayant voix délibérative, et ordonne que les Magistrats français composant cette Chambre seront désignés lors du roulement annuel, et les Assesseurs musulmans nommés par décret Impérial rendu sur la proposition du Garde des Sceaux, le Gouverneur Général de l'Algérie consulté.

Par décret du 2 mars 1867, M. CHÉRONNET, Avocat, est nommé Défenseur près la Cour d'appel, en remplacement de M. JOURNÈS.

Par décret du 27 avril 1867, M. DURAND, Avocat Général près la Cour d'Alger, y est nommé Premier Avocat Général en remplacement de M. MAZEL, nommé Procureur Général à Limoges.

Par décret du 10 juillet 1867, M. ROBINET DE CLÉRY (2ᵉ du nom), Procureur Impérial à Oran, est nommé Avocat Général à la Cour d'Alger, en remplacement de M. DURAND, nommé Premier Avocat Général.

Par décret du 13 août 1867, SI AHMED BOUKANDOURA, Assesseur musulman près la Cour, est maintenu dans ses fonctions ;

Et SIDI AHMED BEN SIDI SAID est nommé Assesseur musulman près la Cour.

Par décret du 25 mars 1868, M. LARUELLE, Interprète traducteur assermenté à Alger, est nommé Secrétaire Interprète au Parquet Général, en remplacement de M. JOLY, nommé Greffier de la Justice de Paix, canton Sud d'Alger.

Par décret du 18 avril 1868, M. PATRAS, Président du Tribunal d'Oran, est nommé Conseiller à la Cour, en remplacement de M. MATHELAT, décédé ;

Et M. FAVRE, Procureur Impérial à Philippeville, est nommé Conseiller à la Cour, en remplacement de M. NAMUR, nommé Conseiller à Aix.

Par arrêté de M. le Procureur Général du 1ᵉʳ mai 1868,

M. LETELLIER est nommé Secrétaire en Chef du Parquet Général, en remplacement de M. NIVOY.

Par décret du 13 juin 1868, M. VIVIEN, Vice-Président du
Tribunal d'Alger, est nommé Conseiller à la Cour en remplacement de M. LE ROY, admis à faire valoir ses droits à la
retraite et nommé Conseiller honoraire ;

Par décret du 10 décembre 1868, M. GEFFROY, Procureur
Impérial à Sétif, est nommé Substitut du Procureur Général,
en remplacement de M. MORATI-GENTILE, nommé Avocat
Général près la Cour de Bastia.

Par arrêté du 29 mai 1869, M. CHANTREAU, Commis-Greffier
au Tribunal d'Alger, est nommé Commis-Greffier à la Cour,
en remplacement de M. FOURNIER, nommé Greffier de paix à
Aumale.

Et par autre arrêté du 26 novembre 1869, M. DELIOT, Commis Greffier à Oran, est nommé Commis-Greffier à la Cour,
en remplacement de M. SOULIÉ, nommé Greffier du Tribunal
de Sétif.

Un décret du 8 janvier 1870 soumet au décret du 13 décembre 1866 sur la Justice musulmane, les habitants musulmans de la partie de l'Algérie située en dehors du Tell et de
la Kabylie.

Par décret du 14 février 1870, M. LATOUR DE BRIE, Juge
d'instruction au Tribunal de Tarbes, est nommé conseiller à
la Cour en remplacement de M. KUENEMANN, nommé Procureur Général à Bastia.

Le 11 avril 1870, M. CHARDON, Secrétaire du Parquet d'Oran,
est admis au serment comme Commis-Greffier de la Cour, en
remplacement de M. DELIOT, nommé Secrétaire au Parquet
d'Oran.

Par décret du 20 avril 1870, M. BALLESTEROS est nommé
Interprète judiciaire pour la langue Arabe à la Cour d'Alger.

Par décret du 4 juin 1870, M. BARDY, Conseiller à la Cour de Poitiers, est nommé Conseiller à la Cour d'Alger, en remplacement de M. GAUTIER DE SAINT PAULET, admis à faire valoir ses droits à la retraite et nommé Conseiller honoraire.

Par décret du 17 juillet 1870, M. VIDAL, Procureur Impérial à Blida, est nommé Conseiller, en remplacement de M. MEYNIER, admis à faire valoir ses droits à la retraite et nommé Conseiller honoraire.

Par arrêté du 18 août 1870, M. GARRIT, Commis-Greffier au Tribunal d'Alger, est nommé Commis-Greffier à la Cour, en remplacement de M. DE ROCHEMONTEIX, décédé.

Par décret du 6 septembre 1870, M. SAUTAYRA, Vice-Président du Tribunal d'Alger, est nommé Conseiller, en remplacement de M. BARNY, nommé Président.

Par ret du 20 septembre 1870, M. CLERC, Procureur de la Répub!! ue à Constantine, est nommé Conseiller, en remplacement de M. CAVAILHON, admis à faire valoir ses droits à la retraite.

Par décret du 24 octobre 1870, le Gouvernement de la Défense Nationale institue le Jury en Algérie. L'article 1er édicte qu'à partir du 1er janvier 1871, les Cours d'assises d'Algérie statueront avec l'assistance de Jurés ;

Et l'article 2, que le décret rendu le 11 octobre 1870 par le Gouvernement de Paris, remettant provisoirement en vigueur le décret du 7 août 1848 sur le Jury, sera appliqué à l'Algérie avec certaines modifications.

Un décret du 16 novembre 1870 supprime dans les Cours d'Appel le titre et les fonctions de Premier Avocat Général, au fur et à mesure des extinctions

Par décrets du 5 décembre 1870, M. KUENEMANN, ancien Magistrat, est nommé Procureur Général, en remplacement de M. CHEVILLOTTE, qui, nommé en remplacement de M. ROBINET DE CLÉRY, avait sollicité d'autres fonctions.

M. LE BIHAN, Substitut du Procureur Général à Alger, est

nommé Avocat Général, en remplacement de M. Durand, nommé Procureur Général à Bourges.

M. Fau, Procureur de la République à Tlemcen, est nommé Substitut du Procureur Général, en remplacement de M. Le Bihan, nommé Avocat Général.

M. Dedreuil-Paulet, Président du Tribunal de Première Instance de Constantine, est nommé Conseiller, en remplacement de M. Clerc.

Et M. Mignot, Président du Tribunal de Première Instance de Bône, est nommé Conseiller, en remplacement de M. Farine (M. Bailleul, non acceptant).

Par décret du 19 décembre 1870, les indemnités aux Présidents d'Assises en Algérie sont réduites à 600 fr. pour le Magistrat qui présidera successivement à Constantine et à Bône et à 500 fr. pour le Président des Assises d'Oran.

Par décret du 26 décembre 1870, M. Gehin est nommé Secrétaire-Interprète au Parquet Général, en remplacement de M. Laruelle.

Par décret du 27 avril 1871, M. Poulet, Substitut du Procureur Général à Metz, est nommé Avocat Général, en remplacement de M. Robinet de Cléry, nommé Procureur de la République à Lille.

Par décret du 1er juillet 1871, M. Richert, Président du Tribunal de Sarreguemines, est nommé Conseiller, en remplacement de M. Dedreuil-Paulet, nommé Président du Tribunal d'Alger.

Par décret du 11 juillet 1871, M. Lauth, Juge au Tribunal de Mulhouse, est nommé Conseiller à Alger, en remplacement de M. Voyer, décédé.

Un arrêté du 12 juillet 1871 ordonne le roulement dans les Cours, conformément aux ordonnances des 11 octobre 1820 et 24 juillet 1825 et au décret du 28 octobre 1854. Le roulement pour la Cour d'Alger doit se faire dans la première quinzaine de juillet.

Par arrêté du 23 octobre 1871, M. BARTHELEMY, Greffier de la Justice de Paix de Boufarik, est nommé Commis-Greffier à la Cour.

Par décret du 19 février 1872, M. ROUCHIER, Avocat Général à Alger, est nommé Procureur Général, en remplacement de M. KUENEMANN, nommé Conseiller à Paris;

Et M. SERGENT, Substitut du Procureur de la République à Rouen, est nommé Avocat Général à Alger, en remplacement de M. ROUCHIER, nommé Procureur Général.

Par décret du 30 mars 1872, M. PIETTE, Substitut du Procureur Général à Metz, est nommé Avocat Général à Alger, en remplacement de M. POULET, nommé Avocat Général à Nancy.

Par décret du 19 août 1872, M. FRÉZOT, Employé à la Cour, est nommé Commis-Greffier.

Par décret du 11 octobre 1872, M. NŒUVEGLISE, Juge d'Instruction au Tribunal d'Alger, est nommé Conseiller, en remplacement de M. JOUYNE, décédé.

Par décret du 22 octobre 1872, M. CUNIAC, Président du Tribunal de Lyon, est nommé Premier Président de la Cour d'Alger, en remplacement de M. PIERREY, nommé Conseiller à la Cour de Cassation.

Par arrêté du 15 décembre 1872, M. RICHARD-NICOLAS est nommé Commis-Greffier à la Cour d'Appel.

Par décret du même jour, il est créé un troisième emploi de Substitut du Procureur Général près la Cour d'Alger.

Et par autre décret du 19 décembre 1872, M. LOURDAU, Juge au Tribunal de Bône, est nommé Substitut du Procureur Général.

Par arrêté du 1er janvier 1873, M. WEILL, Sous-Secrétaire au

Parquet Général, est nommé Secrétaire en Chef, en remplacement de M. LETELLIER, décédé.

Par décret du 26 mai 1873, M. CAMMARTIN, Président du Tribunal d'Oran, est nommé Avocat Général près la Cour, en remplacement de M. LE BIHAN, révoqué.

Par décret du 19 juin 1873, M. COLONNA D'ISTRIA, Procureur Général à Nîmes, est nommé Conseiller à la Cour d'Alger, en remplacement de M. PAYOT, décédé.

Et M. LASSUS, Procureur de la République à Bône, est nommé Conseiller, en remplacement de M. D'ANDRÉE DE RENOARD, admis à faire valoir ses droits à la retraite.

Par décret du 27 juin 1873, M. PINET DE MONTEYER, Procureur de la République à Mende, est nommé Conseiller à Alger, en remplacement de M. COLONNA D'ISTRIA, non acceptant.

Par décret du 17 décembre 1873, M. VALETTE, Procureur de la République à Cahors, est nommé Avocat Général à la Cour d'Alger, en remplacement de M. SERGENT, nommé Conseiller à Aix.

Par arrêté du 15 janvier 1874, M. LHOMME, Employé à la Cour, est nommé Commis-Greffier.

Par décret du 24 février 1874, M. BEAUNE, Avocat Général à Dijon, est nommé Procureur Général à Alger, en remplacement de M. ROUCHIER, qui est nommé Président de Chambre à Caen.

Par décret du 11 mars 1874, M. Maxime PARISOT, Vice-Président du Tribunal d'Alger, est nommé Conseiller, en remplacement de M. DE TONNAC, admis à faire valoir ses droits à la retraite et nommé Conseiller honoraire.

Et M. FAVIER, Procureur de la République à Sétif, est nommé Substitut du Procureur Général, en remplacement de M. LOURDAU, nommé Procureur de la République à Tizi-Ouzou.

Par arrêté du 20 mai 1874, M. CLAR est nommé Secrétaire en Chef du Parquet Général, en remplacement de M. WEILL.

Lés articles du décret du 29 août 1874, portant organisation de la Justice en Kabylie, sont en ce qui concerne la Cour :

1° L'article 8 conçu en ces termes : « L'appel des décisions rendues en première instance par les Tribunaux de Tizi-Ouzou et de Bougie, entre toutes personnes autres que les Indigènes, Arabes, Kabyles ou musulmans étrangers, est porté devant la Cour d'Alger, ainsi que les appels des jugements rendus en premier ressort entre Indigènes, Arabes, Kabyles ou musulm^ étrangers par le Tribunal de Tizi-Ouzou » ;

2° L'article 10 qui déclare non susceptible de recours en Cassation les décisions de la Cour quand le droit musulman ou kabyle a été appliqué ;

3° L'article 11 qui charge de l'exécution des arrêts définitifs les Cadis entre musulmans, et le Chef de la D‚emaà ou son suppléant entre Kabyles ;

4° Enfin l'article 13 qui dispense les parties du ministère des Défenseurs.

Un autre décret du 10 octobre 1874 compose la Cour pour la connaissance des appels des jugements, rendus en matière musulmane par les Tribunaux de la Kabylie, de trois Magistrats français et de deux Assesseurs arabes ou kabyles, si le litige existe entre Arabes ou Kabyles ; de trois Magistrats français, d'un Assesseur arabe et d'un Assesseur kabyle, si le litige existe entre Arabes et Kabyles.

Par décret du 15 novembre 1874, M. PINSON DE MÉNERVILLE, Président de Chambre à la Cour, est nommé Premier Président, en remplacement de M. CUNIAC, qui est nommé Conseiller à la Cour de Cassation.

Par décret du 21 novembre 1874, M. DUPLESSY, Vice-Président du Tribunal de Vesoul, est nommé Conseiller, en remplacement de M. BARDY, admis à faire valoir ses droits à la retraite.

Par décret du 1er décembre 1874, M. BASTIEN, Conseiller à la Cour de Rennes, est nommé Président de Chambre à la

Cour d'Alger, en remplacement de M. Pinson de Ménerville, nommé Premier Président.

Par décret du 21 décembre 1874, M. Geffroy, Substitut du Procureur Général à Alger, est nommé Conseiller, en remplacement de M. Gandillot, admis à faire valoir ses droits à la retraite et nommé Conseiller honoraire ;

Et M. de Vaulx d'Achy, Substitut à Chambéry, est nommé Substitut du Procureur Général à Alger, en remplacement de M. Geffroy, nommé Conseiller.

Par décret du 13 février 1875, Sid El Hachemi Ben Si Lounès, Interprète Judiciaire à Bougie, est nommé Assesseur kabyle près la Cour (poste créé).

Par décret du 24 février 1875, M. Carrère, Conseiller à la Cour de Pau, est nommé Président de Chambre à la Cour d'Alger, en remplacement de M. Marion, admis à faire valoir ses droits à la retraite et nommé Président honoraire.

Par décret du 2 avril 1875, Si Mohamed Ettahar Ben El Hadi, Cadi, est nommé Assesseur kabyle près la Cour (poste créé).

Par décret du 20 avril 1875, M. Bernard, Procureur de la République à Mostaganem, est nommé Substitut du Procureur Général à Alger, en remplacement de M. Favier, nommé Procureur de la République à Prades.

Par décret du 22 juin 1875, M. Bisson, Vice-Président du Tribunal d'Alger, est nommé Conseiller, en remplacement de M. Patras, décédé.

Un décret du 11 août 1875, établit auprès du Gouverneur Général Civil de l'Algérie un Conseil de Gouvernement dont sont membres de droit M. le Premier Président de la Cour et M. le Procureur Général.

Par décret du 22 septembre 1875, M. Boullay, Président du Tribunal de Constantine, est nommé Conseiller, en remplacement de M. LATOUR DE BRIE, admis à faire valoir ses droits à la retraite et nommé Conseiller honoraire.

Par décret du 19 octobre 1875, M. DOUDART DE LA GRÉE, Président du Tribunal de Blida, est nommé Conseiller à la Cour, en remplacement de M. LASSUS, décédé.

Par décret du 9 novembre 1875, M. FOURCADE, Avocat Général près la Cour de Montpellier, est nommé Procureur Général près la Cour d'Alger, en remplacement de M. BEAUNE, nommé Procureur Général près la Cour d'Aix.

Par décret du 11 novembre 1875, M. TRUAUT, Conseiller à la Cour d'Alger, y est nommé Président de Chambre, en remplacement de M. BROWN, admis sur sa demande à faire valoir ses droits à la retraite, et nommé Président de Chambre honoraire;

Et M. SAUZÈDE, Président du Tribunal d'Oran, est nommé Conseiller, en remplacement de M. TRUAUT, nommé Président de Chambre.

Un décret du 11 novembre 1875 supprime le Conseil Supérieur de droit musulman institué par l'article 24 du décret du 13 décembre 1866.

Par arrêté du 17 janvier 1876, M. CAMUS, Sous-Secrétaire au Parquet Général, est nommé Commis-Greffier à la Cour.

Par décret du 15 février 1876, M. COINZE, Président du Tribunal de Bône, est nommé Conseiller à la Cour, en remplacement de M. TIXIER DE LA CHAPELLE, admis à faire valoir ses droits à la retraite, et nommé Conseiller honoraire.

Par décret du 26 février 1876, M. BLANCKAERT, Vice-Président du Tribunal d'Alger, est nommé Conseiller à la Cour, en remplacement de M. LETOURNEUX qui, appelé comme Conseiller à la Cour d'Appel d'Alexandrie (Égypte), a été admis à faire valoir ses droits à la retraite et nommé Conseiller honoraire;

Et M. LOURDAU, Procureur de la République à Tizi-Ouzou, est nommé Conseiller à la Cour, en remplacement de

M. ALLIER, admis à faire valoir ses droits à la retraite et nommé Conseiller honoraire.

Par autre décret du même jour M. PRAT, Procureur de la République à Constantine, est nommé Conseiller à la Cour, en remplacement de M. NŒUVEGLISE, admis sur sa demande à faire valoir ses droits à la retraite et nommé Conseiller honoraire.

Par arrêté du 5 mars 1876, M. MOUSNIER, Commis-Greffier auxiliaire à la Cour, est nommé Commis-Greffier titulaire.

Par décret du 28 mars 1876, M. DAZINIÈRE, Défenseur près le Tribunal d'Alger, est nommé Défenseur près la Cour, en remplacement de M. QUINQUIN, qui a été nommé Juge.

Par décret du 27 juillet 1876, SID AHMED BEN OMAR, Interprète Judiciaire à Tizi-Ouzou, est nommé Assesseur kabyle à la Cour, en remplacement de SI MOHAMED ETTAHAR BEN EL HADI.

Par arrêté du 30 août 1876, M. NICOLAS, Commis-Greffier au Tribunal d'Alger, est nommé Commis-Greffier à la Cour, en remplacement de M. CAMUS.

Par décret du 22 juillet 1876, M. CARRIÈRE, Défenseur près le Tribunal d'Alger, est nommé Défenseur près la Cour, en remplacement de M. BARBERET, décédé.

Par décret du 7 octobre 1876, M. BAZOT, Président de Chambre à la Cour de Chambéry, est nommé Premier Président de la Cour d'Alger, en remplacement de M. PINSON DE MÉNERVILLE, décédé.

Et M. PARENT DU MOIRON, Substitut du Procureur Général à Amiens, est nommé Substitut du Procureur Général à Alger, en remplacement de M. BERNARD, appelé à d'autres fonctions.

Par décret du 2 février 1877, M. BRODO, Interprète Militaire, est nommé Interprète Judiciaire à la Cour, en remplacement de M. BALLESTÉROS, décédé.

Par décret du 3 mars 1877, M. GARÀU, Défenseur près le Tribunal de Mostaganem, est nommé Défenseur près la Cour, en remplacement de M. SABATÉRY, décédé.

Par décret du 25 mars 1877, M. PRATS, Interprète Judiciaire à Miliana, est nommé Interprète Judiciaire à la Cour (poste créé).

Par décret du 6 avril 1877, M. ZEYS, Président du Tribunal de Tlemcen, est nommé Conseiller à la Cour, en remplacement de M. COINZE, nommé Conseiller-Juge à Tunis.

Par décret du 21 septembre 1877, M. BESSE, Avocat à Agen, est nommé Conseiller à Alger, en remplacement de M. VOLLON, admis à faire valoir ses droits à la retraite et nommé Conseiller honoraire.

Par décret du 31 octobre 1877, M. FAU, Substitut du Procureur Général à Alger, est nommé Avocat Général, en remplacement de M. VALETTE, nommé Procureur de la République à Alger;

Et M. CUNIAC, Substitut à Toulon, est nommé Substitut du Procureur Général à Alger, en remplacement de M. FAU, nommé Avocat Général.

Par arrêté du 25 novembre 1877, M. ANGINOT, Commis-Greffier auxiliaire près la Cour, est nommé Commis-Greffier titulaire.

Par décret du 22 janvier 1878, M. VACHERESSES, ancien Secrétaire Général de la Préfecture du Rhône, est nommé Conseiller à la Cour d'Alger, en remplacement de M. BESSE.

Par décret du 26 janvier 1878, M. HUGUES, Vice-Président du Tribunal d'Alger, est nommé Conseiller, en remplacement de M. SOULÉ, admis sur sa demande à faire valoir ses droits à la retraite et nommé Conseiller honoraire.

Par décret du 29 janvier 1878, Si KADDOUR BEN CHÉRIF est nommé Assesseur musulman près la Cour, en remplacement de M. AHMED BEN SIDI SAÏD, décédé.

Par arrêté du 11 mars 1878, M. COSTEDOAT, Sous-Secrétaire au Parquet Général, a été nommé Secrétaire en Chef, en remplacement de M. CLAR, nommé Huissier à Alger.

Par décret du 6 juillet 1878, M. EYSSAUTIER, Président du Tribunal d'Embrun, est nommé Conseiller à Alger, en remplacement de M. VACHERESSES, nommé Président à Embrun.

Par décret du 14 novembre 1878, M. PELLEREAU, Président du Tribunal d'Oran, est nommé Conseiller à la Cour, en remplacement de M. DUPLESSY, admis sur sa demande à faire valoir ses droits à la retraite et nommé Conseiller honoraire.

Par décret du 27 décembre 1878, M. POIVRE, Défenseur près le Tribunal de Constantine, est nommé Défenseur près la Cour, en remplacement de M. CARRIÈRE, décédé.

Par décret du 15 janvier 1879, M. STORA Jacob est nommé Interprète judiciaire près la Cour (place créée).

Par décret du 22 janvier 1879, M. ALEMANY est nommé Commis-Greffier titulaire près la Cour, en remplacement de M. FRÉZOT.

Par décret du 22 février 1879, M. SAUTAYRA, Conseiller à la Cour d'Alger, est nommé au même siège Président de Chambre, en remplacement de M. BASTIEN.

Par décret du 27 février 1879, M. PONTOIS, Juge d'instruction à Alger, est nommé Conseiller à la Cour, en remplacement de M. FAVRE, décédé ;

M. COLONNA D'ORNANO, Procureur de la République à Blida, est nommé Conseiller, en remplacement de M. SAUTAYRA, nommé Président de Chambre ;

Et M. LEVASSEUR, Juge d'instruction à Beauvais, est nommé Conseiller, en remplacement de M. PELLEREAU, décédé.

Par décret du 22 mars 1879, M. LEMAIRE, Défenseur près le Tribunal de Bougie, est nommé Défenseur près la Cour, en remplacement de M. GENELLA, décédé.

Par décret du 1er juillet 1879, M. HUREAUX, Interprète au Tribunal d'Alger, est nommé Interprète judiciaire près la Cour, en remplacement de M. PRATS, décédé.

Par décret du 19 juillet 1879, M. MÉROT, Vice-Président du Tribunal d'Alger, est nommé Conseiller à la Cour, en remplacement de M. DUMALLE, admis à faire valoir ses droits à la retraite et nommé Conseiller honoraire.

Par décret du 17 novembre 1879, M. POMPEÏ, Procureur de la République à Toulon, est nommé Procureur Général près la Cour d'Alger, en remplacement de M. FOURCADE, nommé Procureur Général à Nancy.

Par décret du 10 février 1880, M. DROULIN, Président du Tribunal de Mostaganem, est nommé Conseiller à la Cour, en remplacement de M. BISSON, nommé Conseiller à Aix.

Par décret du 23 mars 1880, M. HOUYVET, Conseiller à la Cour de Paris, est nommé Premier Président à la Cour d'Alger, en remplacement de M. BAZOT, appelé à d'autres fonctions.

Par décret du 20 avril 1880, un quatrième emploi d'Avocat Général est créé à la Cour d'Alger.

Par décret du 11 mai 1880, M. DE VAULX D'ACHY, Substitut du Procureur Général à Alger, est nommé au poste créé d'Avocat Général à la même Cour ;

Et M. WURTZ, Procureur de la République à Bougie, est nommé Substitut du Procureur Général à la Cour d'Alger, en remplacement de M. DE VAULX D'ACHY, nommé Avocat Général.

Par décret du 17 juillet 1880, M. GARIEL, Avocat, est nommé

Avocat Général à la Cour d'Alger, en remplacement de M. Piette, nommé Avocat Général à Limoges.

Par décret du 23 juillet 1880, M. Bœrner, Procureur de la République à Constantine, est nommé Avocat Général près la Cour d'Alger, en remplacement de M. de Vaulx d'Achy, nommé Avocat Général à Douai.

Par décret du 16 juillet 1880, M. Roussot, Greffier du Tribunal de Commerce d'Alger, est nommé Greffier en Chef de la Cour, en remplacement de M. Mourgues, démissionnaire.

Par décret du 23 novembre 1880, M. Delacroix, Président du Tribunal de Constantine, est nommé Conseiller, en remplacement de M. Doudart de la Grée, admis à faire valoir ses droits à la retraite et nommé Conseiller honoraire ;
M. Rollet, Président du Tribunal de Bône, est nommé Conseiller, en remplacement de M. Jousseume, admis à faire valoir ses droits à la retraite et nommé Conseiller honoraire ;
M. Parent du Moiron, Substitut du Procureur Général à Alger, est nommé Avocat Général, en remplacement de M. Cammartin, nommé Substitut du Procureur Général à Paris ;
Et M. Roujol, Substitut du Procureur Général à Rennes, est nommé Substitut du Procureur Général à Alger, en remplacement de M. Parent du Moiron, nommé Avocat Général.

Par décret du 26 novembre 1880, M. Doudart de la Grée, Avocat, est nommé Défenseur près la Cour, en remplacement de M. Chabert-Moreau, décédé.

Par décret du 5 janvier 1881, M. Poucheret, Président du Tribunal de Constantine, est nommé Conseiller, en remplacement de M. Prat, décédé.

Par décret du 25 janvier 1881, M. Perinne, Conseiller à la Cour, est nommé Président de Chambre, en remplacement de

M. Carrère, admis à faire valoir ses droits à la retraite et nommé Président de Chambre honoraire ;

M. Tondu de Quennefer, Juge d'instruction à Bayonne, est nommé Conseiller à la Cour d'Alger, en remplacement de M. Pontois, nommé Conseiller à Bourges ;

Et M. Ducos, Juge d'instruction à Alger, est nommé Conseiller, en remplacement de M. Perinne, nommé Président de Chambre.

Par décret du 15 février 1881, M. Rengade, Président du Tribunal de Sétif, est nommé Conseiller, en remplacement de M. Vivien, admis sur sa demande à faire valoir ses droits à la retraite et nommé Conseiller honoraire.

Par décret du 27 avril 1881, M. Sautayra, Président de Chambre à la Cour d'Alger, est nommé Premier Président de la même Cour, en remplacement de M. Houyvet, nommé Premier Président à la Cour de Caen.

Et M. Boullay, Conseiller à la Cour d'Alger, est nommé Président de Chambre à la même Cour, en remplacement de M. Sautayra, nommé Premier Président.

Par une loi du 30 juillet 1881, sont apportées des modifications au décret du 24 octobre 1870 sur l'institution des Cours d'Assises et du Jury en Algérie.

Un décret du 13 septembre 1881 crée un quatrième poste de Président de Chambre à la Cour d'Alger.

Et nomme M. Maxime Parisot, Conseiller à la Cour, au poste créé de Président de Chambre.

Par autre décret du même jour, M. Charles Parisot, Président du Tribunal de Blida, est nommé Conseiller à la Cour, en remplacement de M. Boullay, qui a été nommé Président de Chambre.

M. Zill des Iles, Procureur de la République à Blida, a été nommé Conseiller, en remplacement de M. Parisot, nommé Président de Chambre.

M. Lapra, Vice-Président du Tribunal d'Alger, est nommé

Conseiller, en remplacement de M. Vidal, nommé Président de Chambre à Bourges.

Et M. Fondi de Niort, Procureur de la République à Tizi-Ouzou, est nommé Substitut du Procureur Général près la Cour d'Alger, en remplacement de M. da Costa Athias, sur le refus de ce dernier de remplacer M. Roujol, nommé Substitut du Procureur Général près la Cour de Rouen.

Le 14 novembre 1881, M. Lamant, Commis-Greffier auxiliaire près la Cour depuis le 17 février 1879, a prêté serment en qualité de Commis-Greffier titulaire (emploi créé). C'est le quatrième poste de Commis-Greffier régulièrement institué par suite des nécessités du service.

Par décret du 27 décembre 1881, rendu sur un rapport du Garde des Sceaux, sont promulgués en Algérie les règlements applicables à la plaidoirie devant les Cours d'Appel et les Tribunaux de première instance de la Métropole.

Néanmoins, les Défenseurs en exercice conserveront le droit de plaider devant la Cour et les Tribunaux près lesquels ils ont été nommés.

Par décret du 9 janvier 1882, M. Lefébure, Président du Tribunal de Mostaganem, est nommé Conseiller, en remplacement de M. Pinet de Monteyer, admis, sur sa demande, à faire valoir ses droits à la retraite et nommé Conseiller honoraire.

Le 30 janvier 1882, M. Saunier, Employé à l'enregistrement des actes judiciaires, a prêté serment en qualité de Commis-Greffier près la Cour, en remplacement de M. Mousnier, nommé Greffier du Tribunal d'Orléansville.

Par décret du 25 mars 1882, M. Dandraut, Juge au Tribunal de Nontron, est nommé Conseiller, en remplacement de M. Levasseur, nommé Conseiller à Bourges.

Par décret du 8 avril 1882, l'article 11 du décret du 29 août 1874, portant organisation de la Justice en Kabylie, est modifié. Cet article a trait à l'exécution des arrêts définitifs rendus par la Cour en matière musulmane.

Par décret du 29 juillet 1882, M. MOATTI, Moïse, Avocat, est nommé Avoué près la Cour, en remplacement de M. BOURIAUD, décédé.

Un décret du 9 octobre 1882, rendu sur le rapport du Ministre de la Justice, établit qu'à partir du 1ᵉʳ octobre 1884 nul ne pourra être nommé Greffier ou Avoué près la Cour d'Appel d'Alger s'il ne justifie, outre les conditions requises par les lois et règlements en vigueur, du certificat d'études de droit administratif et de coutumes indigènes, décerné conformément aux dispositions du titre 1ᵉʳ du décret du 24 juillet 1882.

Par décret du 14 octobre 1882, M. SCHINDLER, Procureur de la République à Dijon, est nommé Conseiller, en remplacement de M. DELACROIX, nommé Conseiller à Besançon.

Par décret du 12 novembre 1882, M. MARSAN, Procureur de la République à Céret, est nommé Substitut du Procureur Général, en remplacement de M. FONDI DE NIORT, nommé Procureur de la République à Lille.

Un décret du 28 janvier 1883 fixe et réglemente les menues dépenses de la Cour et abroge l'article 22 du décret du 30 janvier 1811.

Le 27 mars 1883, une loi portant organisation de la juridiction française en Tunisie crée un Tribunal français et six Justices de Paix pour la Régence.

Ces Tribunaux font partie du ressort de la Cour d'Appel d'Alger :

Le Tribunal de première instance de Tunis, dont la compétence en premier ressort est illimitée, connaît en dernier ressort des affaires personnelles et mobilières jusqu'à la valeur de 3,000 fr., et des actions immobilières jusqu'à 120 fr. de revenu.

Le Tribunal, statuant au criminel, est saisi par un arrêt de renvoi rendu par la Chambre des mises en accusation de la Cour d'Alger, conformément aux dispositions du Code d'instruction criminelle.

Par décret du 27 mars 1883, M. DANDONNEAU, Président de la Cour d'Appel de Saint-Louis, est nommé Avocat Général à Alger, en remplacement de M. BŒRNER, nommé Procureur de la République à Tunis.

Par décret du 1er mai 1883, M. RACK, Procureur de la République à Oran, est nommé Avocat Général, en remplacement de M. FAU, nommé Procureur Général près la Cour d'Orléans.

Par décret du 22 juin 1883, M. MONTAGNOLE, Conseiller à la Cour de Chambéry, est nommé Conseiller à la Cour d'Alger, en remplacement de M. TONDU DE QUENNEFER, nommé Conseiller à Chambéry.

Le 30 août 1883, loi sur la réforme de l'organisation judiciaire.

Les arrêts des Cours d'Appel sont rendus par des Magistrats délibérant en nombre impair, minimum de cinq juges,. Président compris. Pour les jugements des causes qui doivent être portées aux audiences solennelles, les arrêts sont rendus par neuf juges au moins.

Toutes les Cours d'Appel, hors celle de Paris, sont assimilées ; toute distinction de classe est supprimée.

La Cour de Cassation constitue le Conseil Supérieur de la Magistrature, et ne peut statuer en cette qualité que toutes Chambres réunies. Le Procureur Général près la Cour de Cassation représente le Gouvernement devant le Conseil Supérieur.

La Cour d'Alger est divisée en quatre Chambres dont deux civiles, une mixte (civile et musulmane) et une Chambre des appels correctionnels.

Cette Cour se compose : d'un Premier Président, de quatre Présidents de Chambre, de vingt-quatre Conseillers ; un Procureur Général, quatre Avocats Généraux et quatre Substituts du Procureur Général remplissent près la Cour les fonctions de Ministère Public. Elle est assistée d'un Greffier en Chef et de six Commis-Greffiers.

Le traitement des membres de la Cour d'Alger est le même que celui des membres des Cours d'Appel de la Métropole, Paris excepté.

Premier Président et Procureur Général..	18.000 fr.
Présidents de Chambre.........	10.000
Avocats Généraux......................	8.000
Conseillers............................	7 000
Substituts du Procureur Général........	6.000
Greffier en Chef................	4.200
Commis-Greffiers...................... .	3.500

Par décret en date du 15 septembre 1883, M. ZEYS, Conseiller à la Cour d'Alger, y est nommé Président de Chambre, en remplacement de M. BOULLAY, nommé Conseiller à Paris.

M. LOTA, Conseiller à Bastia, est nommé Conseiller à Alger, en remplacement de M. ZEYS, nommé Président de Chambre.

Et M. VIALLA, Procureur de la République au Tribunal de Philippeville, est nommé Substitut du Procureur Général à la Cour d'Alger (quatrième poste créé).

Le 6 novembre 1883, M. BAUDOUIN, Commis-Greffier auxiliaire à la Cour, prête serment en qualité de titulaire. Cette nomination porte à six le nombre des Commis-Greffiers attachés au service de la Cour.

Par décret du 12 novembre 1883, M. PUECH, Avocat Général à Agen, est nommé Président de Chambre à la Cour d'Alger, en remplacement de M. PÉRINNE, admis à faire valoir ses droits à la retraite et nommé Président de Chambre honoraire.

Par décret du 13 novembre 1883, M. MÉRESSE, Juge d'Instruction à Alger, est nommé Conseiller à la Cour, en remplacement de M. MIGNOT, admis à faire valoir ses droits à la retraite et nommé Conseiller honoraire.

Par autre décret du 13 novembre 1883, SI BELKASSEM BEN SÉDIRA est nommé Assesseur kabyle près la Cour d'Alger, en remplacement de SI EL HACHEMI BEN SI LOUNÈS, révoqué.

Par arrêté du 31 décembre 1883, M. DÈZES, Avocat, a été nommé Secrétaire de la Première Présidence (poste créé).

Par décret du 18 janvier 1884, M. BOURROUILLOU, Président du Tribunal de Constantine, est nommé Conseiller à la Cour en remplacement de M. LAPRA, décédé.

Par décret du 12 avril 1884, M. FEUTRAY, Interprète près le Tribunal d'Alger, est nommé Secrétaire-Interprète du Parquet Général, en remplacement de M. GEHIN, décédé.

Par décret du 17 mai 1884, SI ALI BEN DERRA, Interprète Judiciaire à Takitount, est nommé Interprète Judiciaire près la Cour, en remplacement de M. STORA, révoqué.

Par décret du 24 mai 1884, M. DEDREUIL-PAULET, Président du Tribunal d'Alger, est nommé Président de Chambre à la Cour, en remplacement de M. TRUAUT, admis à faire valoir ses droits à la retraite et nommé Président de Chambre honoraire.

Et M. LAFFITTE, Président du Tribunal de Bône, est nommé Conseiller, en remplacement de M. LOURDAU, nommé Président du Tribunal d'Alger.

Par décret du 24 juillet 1884, M. VIET, Président du Tribunal de Constantine, est nommé Conseiller, en remplacement de M. RENGADE, nommé Président du Tribunal de Constantine.

Par arrêté du 1er septembre 1884, M. LARTIGUE, Secrétaire en Chef du Parquet à Alger, est nommé Secrétaire en Chef du Parquet Général, en remplacement de M. COSTEDOAT, nommé Greffier du Tribunal de Blida.

Un décret du 3 septembre 1884 réglemente la profession et le recrutement des Greffiers et Commis-Greffiers en Algérie. Les dispositions de ce décret en ce qui concerne la Cour d'Appel d'Alger sont les suivantes :

La 1re classe des Greffiers comprend les Greffiers de la Cour.

Les Commis-Greffiers rétribués par l'État près la Cour.....
seront à l'avenir nommés et présentés au serment par le
Greffier en Chef, avec l'approbation des Magistrats de la
Cour.

Nul ne pourra être nommé Greffier en Chef de la Cour s'il
n'est licencié en droit, âgé de 27 ans au moins et s'il ne justifie qu'il a exercé pendant cinq au moins, en France ou en
Algérie, les fonctions de Greffier d'un Tribunal de première
instance.

Un examen préparatoire est institué pour les candidats au
poste de Commis-Greffier rétribué par l'État, mais une dispo-
sition spéciale en dispense les candidats qui produiront l'un
des certificats de droit administratif, de législation algérienne
et de coutumes indigènes, institués par le décret du 8 janvier 1881.

Par décret du 11 octobre 1884, M. RONNOT, Juge d'Instruction à Tunis, est nommé Conseiller à la Cour, en remplacement de M. GEFFROY, qui est nommé Conseiller à Orléans.

M. DANNERY, Vice-Président du Tribunal d'Alger, est nommé
Conseiller à la Cour, en remplacement de M. RICHERT,
décédé ;

Et M. D'ANDRÉE DE RENOARD, Procureur de la République à
Constantine, est nommé Conseiller à la Cour, en remplacement de M. ROLLET, admis à faire valoir ses droits à la
retraite et nommé Conseiller honoraire.

Par autre décret du 28 novembre 1884, M. CUNIAC, Substitut
du Procureur Général à Alger, est nommé Avocat Général à
la même Cour, en remplacement de M. GARIEL, démissionnaire ;

Et M. AUBERT, Procureur de la République à Mascara, est
nommé Substitut du Procureur Général à Alger, en remplacement de M. CUNIAC, nommé Avocat Général.

Par décret du 16 janvier 1885, M. SORREL, Interprète judiciaire à Sebdou, est nommé Secrétaire Interprète au Parquet
Général, en remplacement de M. FEUTRAY, démissionnaire.

Par décret du 21 février 1885, M. CHAUVIN, Vice-Président

du Tribunal d'Alger, est nommé Conseiller à la Cour, en remplacement de M. VIET, décédé.

Par décret du 19 mars 1885, M. SAURIN, Défenseur à Mostaganem, est nommé Avoué près la Cour, en remplacement de M. DAZINIÈRE, décédé.

L'inauguration solennelle du nouveau Palais de Justice, rue de Constantine, a lieu le 9 avril 1885. M. le Procureur Général Pompeï prononce le discours d'inauguration.

Par décret du 30 juin 1885, M. BLANCKAERT, Conseiller à la Cour, y est nommé Président de Chambre, en remplacement de M. Maxime PARISOT, admis à faire valoir ses droits à la retraite ;
Et M. YVERNÈS, ancien. Sous-Préfet, est nommé Conseiller à la Cour d'Alger, en remplacement de M. BLANCKAERT, nommé Président de Chambre.

Par décret du 2 juillet 1885, SI MOHAMED BEL AID, Interprète judiciaire au Djurdjura, est nommé Interprète judiciaire près la Cour, en remplacement de SI ALI BEN DERRA, nommé Interprète judiciaire à Djidjelli.

Par décret du 7 août 1885, M. CAMMARTIN, Conseiller à la Cour de Paris, est nommé Premier Président de la Cour d'Alger, en remplacement de M. SAUTAYRA, décédé.

Par arrêté du 15 novembre 1885, M. VILLENEUVE, licencié en droit, est nommé Secrétaire de la Première Présidence, en remplacement de M. DÈZES, nommé Juge de Paix au Télagh.

Par décret du 26 novembre 1885, M. FEYTIT, Vice-Président du Tribunal d'Alger, est nommé Conseiller à la Cour, en remplacement de M. LAUTH, décédé.

Par décret du 26 novembre 1885, M. BLASSELLE, Défenseur à Sétif, est nommé Avoué près la Cour, en remplacement de

M. Sicard qui, nommé à Alger, conserve sur sa demande ses fonctions à Bône. C'est donc à M. Huré qu'il succède.

Par décret du 6 février 1886, M. Leclerc, Vice-Président du Tribunal d'Alger, est nommé Conseiller, en remplacement de M. Dandraut, mis à la retraite.

Par décret du 6 mars 1886, M. Colaud de la Salcette, Procureur de la République à Tizi-Ouzou, est nommé Substitut du Procureur Général à Alger, en remplacement de M. Aubert, qui sera appelé à d'autres fonctions.

Par décret du 10 avril 1886, M. Lejeune, Président du Tribunal d'Oran, est nommé Conseiller à la Cour, en remplacement de M. Montagnole, décédé.

Par décret du 10 avril 1886, Si Mohamed Areski ben Zerrouk, Interprète judiciaire à Tizi-Ouzou, est nommé Interprète judiciaire près la Cour, en remplacement de Si Mohamed bel Aïd, nommé Interprète judiciaire à Tizi-Ouzou.

Un décret du 10 septembre 1886, sur l'organisation de la Justice musulmane en Algérie, édicte, en ce qui concerne la Cour, les dispositions suivantes :

Les appels des jugements rendus en premier ressort par les Juges de Paix et les Cadis, conformément aux premiers articles de ce décret, dans l'arrondissement d'Alger, sont portés devant la Cour d'appel.

Devant la Cour, les appels sont portés devant la Chambre Musulmane.

Les juridictions d'appel doivent siéger en nombre impair. Les décisions sont rendues par trois Magistrats au moins, Président compris.

Les Assesseurs Musulmans actuellement en fonctions conservent leur emploi. Ils ne seront pas remplacés. Ils ont voix consultative. En cas d'absence ou d'empêchement des Assesseurs, il peut être passé outre aux débats.

Les arrêts en matière d'appel musulman, rédigés sur papier timbré, sont assujettis par le décret à un droit fixe d'enregistrement.

Par décret du 13 octobre 1886, M. WURTZ, Substitut du Procureur Général à Alger, est nommé Avocat Général, en remplacement de M. DANDONNEAU, qui est nommé Avocat Général à Orléans ;

Par décret du 27 octobre 1886, M. HAUNET, dit HONEL, Procureur de la République à Tizi-Ouzou, est nommé Substitut du Procureur Général, en remplacement de M. WURTZ, nommé Avocat Général.

Par arrêté du 2 novembre 1886, M. RÉGEY, Commis-Greffier auxiliaire à la Cour, est nommé Commis-Greffier titulaire, en remplacement de M. NICOLAS, décédé.

Par décret du 16 novembre 1886, M. MAILLET, Procureur de la République à Nice, est nommé Procureur Général près la Cour d'Alger, en remplacement de M. POMPEÏ, admis à faire valoir ses droits à la retraite, et par décret ultérieur, nommé Premier Président honoraire ;

Et M. MARSAN, Substitut du Procureur Général à Alger, est nommé Avocat Général, en remplacement de M. PARENT DU MOIRON, nommé Procureur de la République à Nice.

Par décret du 6 décembre 1886, M. DUPREY, ancien Magistrat et Docteur en droit, est nommé Substitut du Procureur Général près la Cour d'Alger, en remplacement de M. MARSAN, nommé Avocat Général.

Un décret du 7 décembre 1886 fixe l'indemnité à allouer aux Conseillers délégués pour présider en Algérie les Assises ordinaires et extraordinaires autres que celles du département d'Alger.

A partir du 1er octobre 1886, ils recevront une indemnité de 20 fr. par jour pendant la durée des Assises et, en outre, pour chaque session une somme fixe de *cent cinquante francs* à Oran, *deux cents francs* à Constantine, *deux cent cinquante francs* à Bône, ou conjointement à Constantine et à Bône.

Par arrêté du 10 février 1887, M. BOMBONEL, Secrétaire-Adjoint au Parquet Général, est nommé Secrétaire en Chef, en remplacement de M. LARTIGUE, nommé Huissier à Ménerville.

Par décret du 28 février 1887, Si Ahmed ben Hassem, dit Mahieddine, Interprète judiciaire au Djurdjura, est nommé Interprète judiciaire près la Cour, en remplacement de Si Mohamed Areski ben Zerrouk, nommé Interprète judiciaire à Constantine.

Par décret du 6 juillet 1887, M. de Cardaillac, Procureur de la République à Oran, est nommé Conseiller à la Cour d'Alger, en remplacement de M. Colonna d'Ornano, admis à faire valoir ses droits à la retraite.

Par décret du 30 juillet 1887, M. Gronier, licencié en droit, est nommé Avoué près la Cour, en remplacement de M. Poivre, démissionnaire.

Par arrêté du 1er octobre 1887, M. Adam est nommé Commis-Greffier titulaire à la Cour, en remplacement de M. Alemany, nommé Greffier du Tribunal de Tizi-Ouzou.

Par décret du 1er octobre 1887, M. Lénard, Substitut du Procureur de la République à Toulouse, est nommé Substitut du Procureur Général à Alger, en remplacement de M. Duprey, nommé Substitut du Procureur Général à Montpellier.

Par arrêté du 4 octobre 1887, M. Lalment est nommé Secrétaire de la Première Présidence, en remplacement de M. Villeneuve, appelé à d'autres fonctions.

Par décret du 18 février 1888, M. Baille est nommé Secrétaire-Interprète du Parquet Général, en remplacement de M. Sorrel, nommé Interprète judiciaire à Bel-Abbès.

Par arrêté du 30 mai 1888, M. Chausson-Lasalle, Commis-Greffier auxiliaire à la Cour, est nommé Commis-Greffier titulaire, en remplacement de M. Saunier, nommé Greffier du Tribunal de Sousse.

Par décret du 9 juin 1888, M. Allard, Substitut du Procureur de la République de la Seine, est nommé Substitut du

Procureur Général à Alger, en remplacement de M. LÉNARD, nommé Substitut du Procureur Général près la Cour de Caen.

Par décret du 14 août 1888, M. KELLERMANN, Interprète à Alger, est nommé Interprète judiciaire pour la langue kabyle près la Cour, en remplacement de SID AHMED BEN HASSEN, nommé Interprète judiciaire à Bougie.

Par décret du 2 octobre 1888, M. ZEYS, Président de Chambre à la Cour, est nommé Premier Président, en remplacement de M. CAMMARTIN, décédé.

M. LOURDAU, Président du Tribunal d'Alger, est nommé Président de Chambre à la Cour, en remplacement de M. ZEYS, nommé Premier Président.

Et M. CAUMETTE, Vice-Président du Tribunal d'Alger, est nommé Conseiller à la Cour, en remplacement de M. SAUZÈDE, nommé Président du Tribunal d'Alger.

Par arrêté du 29 octobre 1888, M. DI MEGLIO est attaché au Greffe de la Cour comme Commis-Greffier auxiliaire.

Par décret du 13 novembre 1888, M. DUCROS, Président du Tribunal d'Oran, est nommé Conseiller à la Cour, en remplacement de M. LOTA, admis à faire valoir ses droits à la retraite et nommé Conseiller honoraire.

Par décret du 17 janvier 1889, M. BROCARD, Substitut du Procureur de la République à Lyon, est nommé Substitut du Procureur Général à Alger, en remplacement de M. VIALLA, nommé, sur sa demande, Substitut du Procureur de la République à Lyon.

Par décret du 7 avril 1889, M. FLANDIN, Substitut du Procureur Général à Paris, est nommé Procureur Général près la Cour d'Alger, en remplacement de M. MAILLET, nommé Procureur Général à Dijon.

Un décret du 17 avril 1889 sur la Justice Musulmane en Algérie modifie le décret du 10 septembre 1886 quant aux formes de procédure, mais laisse à la Cour d'Alger la connaissance des appels de jugements rendus en premier ressort par les Juges de Paix et les Cadis de l'arrondissement d'Alger.

Par décret du 29 mai 1889, M. Colaud de la Salcette, Substitut du Procureur Général à Alger, est nommé Avocat Général, en remplacement de M. Rack, qui a été nommé Procureur de la République au Havre.

Et M. Garot, Substitut du Procureur de la République à Alger, est nommé Substitut du Procureur Général, en remplacement de M. Colaud de la Salcette, nommé Avocat Général.

Par arrêté du 28 juin 1889, M. Drulhon, Commis-Greffier au Tribunal de Constantine, est nommé Commis-Greffier titulaire à la Cour, en remplacement de M. Baudouin, nommé Greffier du Tribunal de Philippeville.

Et M. Blache est attaché au Greffe de la Cour, en qualité de Commis-Greffier auxiliaire.

Par décret du 20 mai 1890, M. Sauzède, Président du Tribunal d'Alger, est nommé Président de Chambre à la Cour, en remplacement de M. Puech, nommé Avocat Général près la Cour de Paris.

Et M. Piollet, Substitut du Procureur Général à Limoges, est nommé Conseiller à Alger, en remplacement de M. Dannery, qui est nommé Président du Tribunal d'Alger.

Par décret du 17 décembre 1890, M. Saint-Blancat, Interprète judiciaire à Dellys, est nommé Interprète judiciaire près la Cour, en remplacement de M. Barr, admis à faire valoir ses droits à la retraite.

Par décret du 5 février 1891, M. Larrera de Morel, Procureur de la République à Constantine, est nommé Conseiller à la Cour, en remplacement de M. Piollet, décédé.

La loi du 26 mars 1891 sur l'atténuation et l'aggravation de peines porte en son article 4 les dispositions suivantes utiles à connaître par les Greffiers de la Cour, détenteurs du casier central pour le Maroc, le Soudan et le Sahara :

« La condamnation est inscrite au casier judiciaire, mais
» avec la mention expresse de la suspension accordée. Si
» aucune poursuite suivie de condamnation, dans les termes
» du paragraphe 2 de l'article 1ᵉʳ, n'est intervenue dans le
» délai de cinq ans, la condamnation ne doit pas être inscrite
» dans les extraits délivrés aux parties ».

Par décret du 12 mai 1891, M. ANDRAULT, Procureur de la République à La Rochelle, est nommé Conseiller à la Cour d'Alger, en remplacement de M. DE CARDAILLAC, nommé Conseiller à Poitiers.

Par décret du 30 juin 1891, M. CUNIAC, Avocat Général à la Cour d'Alger, y est nommé Président de Chambre, en remplacement de M. LOURDAU, admis sur sa demande à faire valoir ses droits à la retraite, et nommé Président de Chambre honoraire ;

M. BOURROUILLOU, Conseiller à la Cour d'Appel d'Alger, y est nommé Avocat Général, en remplacement de M. CUNIAC, nommé Président de Chambre ;

Et M. QUESLIER, Juge d'Instruction à Alger, est nommé Conseiller à la Cour, en remplacement de M. BOURROUILLOU, nommé Avocat Général.

Par arrêté du 31 octobre 1891, M. BRETZNER, Licencié en Droit, est nommé Secrétaire de la Première Présidence, en remplacement de M. LALMENT, nommé Huissier à Kerrata.

Par décret du 10 janvier 1892, M. DAZINIÈRE, Avocat, est nommé Avoué près la Cour, en remplacement de M. CHÉRONNET, démissionnaire.

Par décret du 26 avril 1892, M. EON, Procureur de la République à Oran, est nommé Avocat Général près la Cour, en remplacement de M. COLAUD DE LA SALCETTE, nommé Procureur de la République à Rambouillet.

Par décret du 7 mai 1892, M. BUSSIÈRE, Procureur de la République à Cahors, est nommé Substitut du Procureur Général à Alger, en remplacement de M. BROCARD, nommé Procureur de la République à Montpellier.

Le décret du 25 mai 1892 sur la Justice musulmane modifie diverses dispositions des décrets antérieurs.

La Cour d'Appel d'Alger cesse de connaître des appels des jugements rendus en premier ressort par les Juges de Paix et les Cadis de l'arrondissement d'Alger. L'article 37 du décret est ainsi conçu : « Les appels des jugements rendus en pre-
» mier ressort par les Juges de Paix et les Cadis sont portés
» dans toute l'étendue de l'Algérie, même hors du Tell,
» devant le Tribunal Civil de l'arrondissement ».

La Cour n'a donc plus à connaître que des appels relevés à l'encontre des décisions rendues en premier ressort par les Tribunaux de Bougie et de Tizi-Ouzou.

Mais en revanche les dispositions des articles formant le chapitre IV bis du décret intitulé : *Des demandes en annulation formées par le Procureur Général*, font, dans certaines circonstances, de la Cour d'Appel d'Alger une véritable Cour de Cassation dont la juridiction, en matière musulmane, s'exerce sur toute l'Algérie, même dans les territoires de commandement et dans les ressorts des Tribunaux de Tizi-Ouzou et de Bougie.

Par décret du 18 octobre 1892, M. CARAYOL, Vice-Président du Tribunal d'Alger, est nommé Conseiller à la Cour, en remplacement de M. MÉRESSE, décédé.

Par décret du 12 novembre 1892, M. MOJON, Avoué à Mascara, est nommé Avoué près la Cour, en remplacement de M. GARAU, décédé.

Par décret du 21 mai 1893, M. JOBERT, Président du Tribunal de Blida, est nommé Conseiller à la Cour, en remplacement de M. DROULIN, décédé.

Par décret du 24 juin 1893, M. ROBE, Procureur de la République à Blida, est nommé Conseiller à la Cour, en remplacement de M. LAFFITTE, nommé Conseiller à Rouen ;

Et par décret du même jour, M. GEFFROY, Juge au Tribunal de première instance de la Seine, est nommé Président de Chambre à la Cour d'Alger, en remplacement de M. SAUZÈDE, admis sur sa demande à faire valoir ses droits à la retraite et nommé Président de Chambre honoraire.

Par décret du 9 janvier 1894, M. BROUSSARD, Procureur de la République près le Tribunal de Nantes, est nommé Procureur Général près la Cour d'Alger, en remplacement de M. FLANDIN, démissionnaire à la suite de l'acceptation du mandat de député de l'arrondissement d'Auxerre.

Par décret du 20 janvier 1894, M. VILLEMONTE-LACLERGERIE, ancien Magistrat, est nommé Conseiller à la Cour, en remplacement de M. PARISOT, Charles, admis sur sa demande à faire valoir ses droits à la retraite et nommé Conseiller honoraire;

Par décret du 20 juin 1894, M. AUGIER, Vice-Président du Tribunal d'Alger, est nommé Conseiller à la Cour, en remplacement de M. YVERNÈS, décédé.

Par arrêté du 4 février 1895, M. TISSERAND, Secrétaire-Adjoint du Parquet Général, est nommé Secrétaire en Chef, en remplacement de M. BOMBONEL, nommé Huissier à Alger.

Par décret du 9 février 1895, M. BENEZET, Greffier du Tribunal de Mostaganem, est nommé Greffier en Chef de la Cour d'Alger, en remplacement de M. ROUSSOT, décédé.

Par arrêté du 12 mars 1895, M. Paul ZEYS, Licencié en Droit, est nommé Secrétaire de la Première Présidence, en remplacement de M. BRETZNER, nommé Avoué à Guelma.

Par décret du 16 mars 1895, M. HAUNET, dit HONEL, Substitut du Procureur Général à Alger, est nommé Conseiller à la Cour, en remplacement de M. DUCROS, nommé Conseiller à Limoges ;

Et M. **Vandier**, ancien Magistrat, est nommé Substitut du Procureur Général à Alger, en remplacement de M. **Haunet**, dit **Honel**, nommé Conseiller.

Par décret du 27 juillet 1895, M. **Bussière**, Substitut du Procureur Général à Alger, est nommé Avocat Général, en remplacement de M. **Bourrouillou**, nommé Juge au Tribunal de la Seine.

Par décret du 12 octobre 1895, M. **Durieu de Leyritz**, Substitut du Procureur de la République à Alger, est nommé Substitut du Procureur Général près la Cour, en remplacement de M. **Bussière**, nommé Avocat Général.

Par décision de la Cour, en date du 14 décembre 1895, M. **Benezet** Raoul, Commis-Greffier au Tribunal de Mostaganem, a été nommé Commis-Greffier titulaire à la Cour, en remplacement de M. **Adam**, nommé Greffier du Tribunal d'Orléansville.

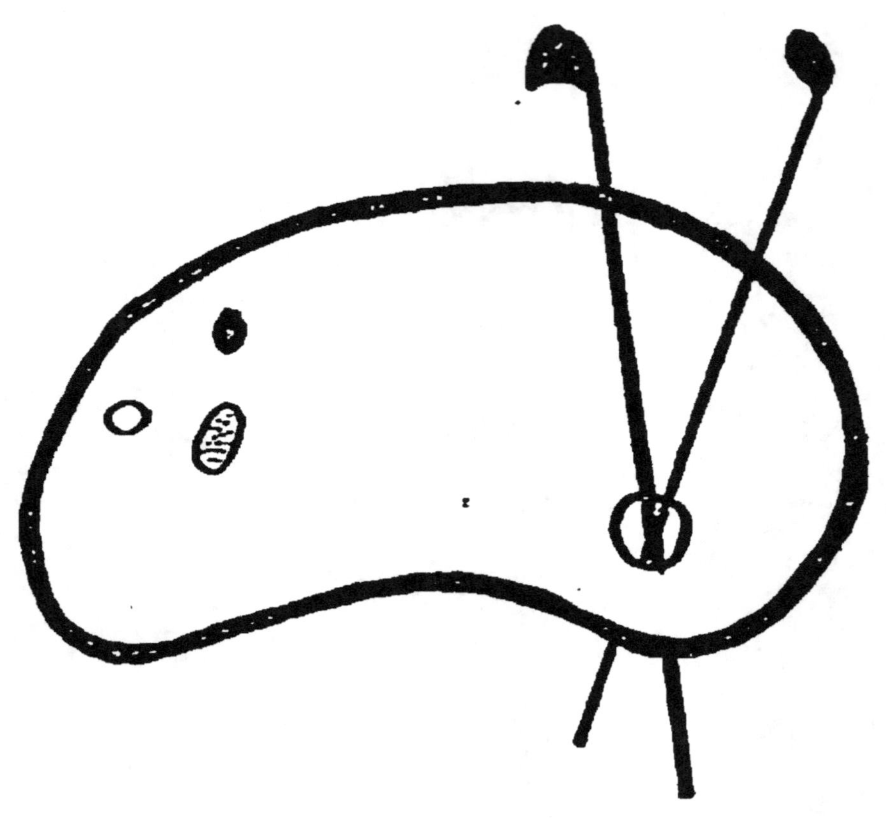

ORIGINAL EN COULEUR

NF Z 43-120-8